놀이의 힘

내 아이의
잠재력을
폭발적으로
성장시키는

놀이의 힘

EBS 놀이의 힘 제작진 지음

BM (주)도서출판 성안당

차례

머리말 아이들의 '놀이'가 세상을 바꾼다　　　　　　　　　8

chapter1
놀이가 아이들에게 미치는 영향

• 평일 여가 시간 49분 VS 평일 학습 시간 6시간 49분　　17

• '이중 언어교육'의 두 얼굴　　　　　　　　　　　　　　23

• 핀란드는 왜 외국어교육을 9세에 시작할까　　　　　　29

• 조기교육보다 놀이가 먼저다　　　　　　　　　　　　36

• 전두엽 발달에 부작용을 일으키는 강제 학습　　　　　45

• 소통을 원한다면 맞장구를 쳐라　　　　　　　　　　55

• 아이들에게 놀이는 단순한 시간 때우기가 아니다　　65

chapter 2
진짜 놀이 VS 가짜 놀이

• 핀란드 부모가 조기교육에 관심이 없는 이유   77

• 아이들이 배워야 할 것은 유치원이 아닌 바깥놀이에 있다   86

• 모든 성취의 원동력, 동기부여   94

• 진짜 놀이의 4가지 요소   100

• 놀이의 주체는 '아이'다   108

• 학습이 이뤄지는 이상한 놀이 시간   116

• 때로는 부모의 무관심이 더 좋은 교육이 된다   125

chapter 3
놀이로부터 시작된 혁명

• 아이들이 재미있어 하는데 도대체 무엇이 문제인가   133

• 독일의 놀이터에는 뭔가 특별한 것이 있다   140

• 대한민국 아이들의 71.3%가 밖이 아닌 집 안에서 논다   150

• 모험을 해도 괜찮아   159

• 놀 권리를 지킨다, 플레이웨일스   168

• 골목이 아이들을 살린다   178

chapter 4
놀이가 경쟁력이다

• 인공지능이 바꾼 대한민국 교육의 현주소　191

• 교과서와 컴퓨터가 없는 학교　199

• 우리가 더 인간다워야 하는 이유　206

• '창의력'이라는 과목이 있다면　213

• 이스라엘 교육의 비밀　224

• 정답 없는 학교 수업, 상상력의 물꼬를 트다　231

• 아이들에게 놀이를 돌려주자　241

아이들의 '놀이'가 세상을 바꾼다

지난 수십 년 동안 우리나라의 교육은 일방통행이었다. 교사의 일방적인 주입식 교육을 기반으로 아이들의 머릿속에 지식을 욱여넣는 것이 바로 '대한민국식 교육'이었다.

안타깝게도 이런 교육 방식은 여전히 유효하다. 아직도 대다수 부모는 자녀를 임신함과 동시에 영어교육을 시작하고 아이가 유치원에 입학하기도 전에 한글을 가르치려 애쓴다. 그리고 아이가 초등학교 입학 전, 사칙연산을 떼는 게 옳다고 생각한다.

웅덩이에 고인 물처럼 이런 상태에 머물러 있는 우리나라와 달리 시대는 하루가 다르게 변하고 있다. 우리 일상을 뒤덮을 4차 산업혁명은 이미 많은 변화를 이끌어냈고, 그 속도는 우리가 상상하는 것 이상으로 빠르고 강하다. 빅데이터, 사물인터넷(IoT), 인공지능(AI)을 기반으로 사람과 사물, 공간이 하나로 연결되는 초지능사회는 지금껏 우리가 겪어 보지 못한 세상을 선사할 게 분명하다.

이에 세계 각국은 지속 가능한 미래 경쟁력을 확보하고자 꾸준히 교육혁신을 시도해 왔다. 자국의 미래를 책임질 아이들을 새로운 시대가 요구하는 인재로 키워내기 위해 지금까지와는 전혀 다른 방식의 교육 시스템을 계발하고 있다.

인공지능과의 경쟁에서 승리할 수 있는 유일한 무기

세계 각국이 특히 주목하고 있는 부분은 창의력, 비판적 사고, 의사소통력, 협업력 등이다. 이런 능력은 국어와 영어, 수학 중심의 교육으로는 결코 계발할 수 없다. '시키는 일만 잘하면 좋은 인재'라고 평가받던 산업화시대에는 주입식 교육을 받은 사람들이 각광받았다. 어떠한 역경이 있어도 '하면 된다'라는 뚝심으로 불도저처럼 일을 밀어붙이는 인재가 사랑받았던 게 사실이다. 하지만 나라를 구분하는 물리적 경계와 시간적 제약이 희미해지는 4차 산업혁명시대에는 이야기가 다르다. 사람보다 일을 더 잘하는 로봇이 등장했기 때문이다. 기계는 사람처럼 힘들다고 투덜거리거나 휴식 시간과 점심시간을 달라고 요구하지 않는다. 24시간, 365일 일을 해도 불량률은 제로에 가깝다.

의사, 변호사 등 흔히 말하는 고수익 직업군 역시 마찬가지다. 골드만삭스의 자료에 따르면 30명의 인원이 한 달 동안 처리해야 할 업무량을 인공지능은 1시간 만에 처리한다고 한다. 실제로 골드만삭스를 비롯해 많은 금융회사가 인공지능을 도입한 뒤 직원을 대량으로 감축했다.

인공지능이 기존 인력의 자리를 빠르게 잠식해 나가는 지금, 우리 아이들에게 필요한 교육은 과연 무엇일까? 인공지능이 해결하지 못하는 영역을 확보하고 인간 고유의 능력으로 인공지능과 싸워 이길 수 있는 인재를 만들기 위해서는 무엇을, 어떻게 가르쳐야 하는 것일까? 일명 교육선진국이라고 불리는 국가들은 무엇을, 어떻게 준비하고 있는 것일까?

　이러한 궁금증을 해결하기 위해 우리는 '4차 산업혁명의 심장부'라고 불리는 실리콘밸리를 품고 있는 미국, 전통의 기술 강국 독일, 첨단 기술의 중심 이스라엘, 조용하지만 강한 나라 영국 등을 찾았다. 그들은 책 속의 지식을 한 줄이라도 더 가르치고 선행이 최선이라 여기는 우리와는 전혀 다른 선택을 내놓았다. 인간이 인공지능과의 경쟁에서 승리할 수 있는 유일한 무기인 창의력과 잠재력을 극대화하기 위해 아이들을 적극적으로 놀이에 노출시키고 있었다.

우리 아이들에게서 놀이가 사라진 이유

EBS 〈놀이의 힘〉은 우리 아이들에게 놀이를 되찾아주고 싶다는 마음에서 시작됐다. 생각해 보라. 불과 20~30년 전만 해도 조기교육은 우리에게 생소한 단어였다. 당시에도 주입식 교육 중심이었지만, 그래도 우리는 하교 후 친구들과 골목이나 공터에 모여 해질 무렵까지 하염없이 놀 수 있었다. 때로는 숙제를 마치지 못해 부모로부터 꾸중을 듣거나 선생님에게 회초리를 맞기도 했지만 놀이를 멈추는 아이는 없었다.

하지만 1990년대 전후를 기점으로 상황은 급박하게 변했다. 학벌을 중시하는 부모들의 성향과 조기교육 열풍이 맞물리면서 아이들은 놀이 대신 학습지를 풀어야 했고, 숨 막히는 사교육의 전장에 무방비 상태로 내던져졌다. 놀이터나 학교 운동장에서 신나게 뛰어노는 시간보다 책상에 앉아 있는 시간이 비약적으로 늘어나면서 아이들의 성장과 발달에 제동이 걸렸다.

그런데 우리 아이들이 학교와 학원 책상에 앉아 있는 시간이 점점 길어진 것과 반대로 일명 '교육선진국'이라고 불리는 국가의 아이들은 공부 시간보다 놀이 시간이 늘어났다. 이러한 사실을 깨달은 우리나라도 뒤늦게나마 놀이 중심의 교육 시스템에 주목하고 있지만 여전히 갈 길은 멀다.

EBS 〈놀이의 힘〉을 통해 우리가 전하고 싶은 메시지는 아주 명확하다. 첫째, 아이들에게 놀이를 돌려주자는 것 둘째, 놀이에는 그 어떤 목적도 없어야 한다는 것 셋째, 학습을 놀이로 위장하지 말자는 것이다. 단순하지만 아주 중요한 이 세 가지 원칙만 기억해도 당신의 아이는 그 누구보다 행복하고,

풍요롭고, 알찬 어린 시절을 보낼 수 있다. 창의력, 비판적 사고, 의사소통력, 협업력을 한껏 끌어올리면서 말이다.

마지막으로 '입시 위주의 기존 학습 방식'과 '4차 산업혁명 시대에 맞춰 다수의 교육선진국에서 실행하고 있는 놀이 중심의 교육 방식' 중 무엇을 선택할 것인지는 오로지 부모만이 결정할 수 있다. 그리고 어떤 선택을 하든 EBS 〈놀이의 힘〉은 대한민국의 모든 부모를 응원할 것이다. 그 선택의 중심에는 분명 '내 아이의 행복'이 있을 테니 말이다.

EBS 〈놀이의 힘〉 제작진

세계적으로 조기교육 열풍이 불어닥친 원인에는 여러 가지가 있겠지만 대표적으로 기술의 발달을 꼽을 수 있다. 쉽게 말해 비교 대상이 늘어난 것이다. 지금 우리는 일곱 살짜리 내 집 아이와 동갑내기인 미국 아이, 영국 아이, 일본 아이가 무엇을 보고, 듣고, 먹고, 입는지를 실시간으로 확인 가능한 사회에 살고 있다. 이런 사회적 분위기는 부모를 조급하게 만든다.

chapter 1.

놀이가 아이들에게
미치는 영향

평일 여가 시간 49분 VS
평일 학습 시간 6시간 49분

초록우산어린이재단 아동복지 연구소의 '초록우산어린이재단 아동권리지수: 아동균형생활 지표'에 따르면 우리나라 초등학생의 평일 평균 여가 시간은 49분이고 주말 평균 여가 시간은 1시간 40분이다. 반면 평균 학습 시간은 무려 6시간 49분에 달하는 것으로 나타났다. 조사에 참여한 초등학생의 63.5%가 권장 학습 시간을 훌쩍 넘긴 시간을 공부에 투자하고 있었던 것이다.

참고로 권장 학습 시간은 국외 학자들이 권장한 가정 내 학습 시간 기준에 한국적 상황을 고려한 것으로 초등학교 4학년의 경우 최소 30분, 최대 120분이다.

"휴식 시간이 충분하다고 생각하는가?"라는 질문에 대해서는 응답자 가운데 절반 이상인 57.9%가 "그렇지 않다"고 대답했다. 어린 시절부터 과도한 조기교육을 강요당한 아이들이 '놀이'라는 이름의 권리는 물론 미래 경쟁력마저 잃어 가는 모양새다. 이런 흐름의 근저에는 기이할 정도로 과도한 우리나라의 교육열이 자리 잡고 있다. 이제는 '정규 교육 과정'이라는 착각이 들 만큼 당연시되고 있는 '조기교육'과 '사교육' 역시 같은 맥락이다. 인기리에 방영됐던 드라마 〈SKY 캐슬〉에 나오는 교육 풍경이 오히려 현실을 반영하지 못했다는

2011년 유엔 아동권리위원회는
한국의 사교육을 주요 원인으로 주목하며
아이들의 놀이가 부족하다고 지적했습니다.
더불어 공교육을 개선할 것을 주문했습니다.

| 한국의 공교육 개선을 요구한 유엔 아동권리위원회

지적이 있을 정도다.

아이러니하게도 아이들에게 놀이를 빼앗고 있는 건 그들의 성공을 누구보다 바라는 '부모'다. 대부분 부모가 자신의 기준에서 '옳다'고 여기는 방식으로 아이들을 교육시키고 있지만, 역효과가 일어나는 경우가 많다.

엄마도 자녀교육은 처음이라…

올해 여섯 살인 예찬의 이야기다. 예찬이는 소위 '영어 영재'로 불렸던 아이다. 어린 시절 한글보다 영어 말문이 먼저 트였고 누가 시키지 않아도 스스로 책을 찾아 읽을 만큼 학구열도 남달랐다. 수백 권의 영어 동화책을 읽고, 영어 애니메이션을 보는 등 영어 콘텐츠를 달고 살던 예찬이의 영어 실력은 놀라웠다. 그런 아이의 모습에 예찬이 어머니가 은근슬쩍 욕심이 생긴 건 어찌 보면 당연한 일이었다.

아들의 남다른 재능을 키워주고 싶었던 예찬이 어머니는 나름의 방식으로 영어와 놀이를 결합한 '엄마표 영어놀이'를 시작했다. 한 예로 엄마가 상자 안에 어떤 물건을 넣으면 예찬이는 눈이 아닌 손을 이용하여 상자 속의 그것을 만져 본 후 정답을 영어로 말하는 식이었다.

그런데 무슨 일일까? 금세 네이티브 스피커가 될 것 같았던 예찬이의 언어적 성장은 높고 두꺼운 벽에 가로막힌 것처럼 제자리걸음을 쳤다. 어느 순간부터는 한국어조차 뒤처지기 시작했다. 그 결과 현재 여섯 살인 예찬이는 자신의 요구를 정확하게 전달하지 못할 만큼 심각한 상태에 이르렀다.

검사 결과 예찬이의 어휘 능력은 유아기 수준에 머물러 있는 것으로 나타났다. 말을 하고 싶어도 잘하지 못하는 상황이 반복되면서 누군가와 정서적으로/안전한 관계를 맺는 데 어려움을 갖게 됐다. 타인과 관계 맺는 것에 대한 불편함이 언어적 의사소통을 기피하는 현상으로 이어져 결국 다른 아이들에 비해 발달이 늦어진 것이다. 예찬이를 검사하고 지켜본 명지대학교 아동심리치료학과 선우현 교수는 아이에게 말을 하고 싶지만 제대로 말을 할 수 없는 '조음장애'라는 진단을 내렸다.

조음장애라는 객관적 사실만 보면 아이의 부모가 너무 과도한 욕심을 부린 것 아니냐고 이야기할 수 있지만 절대 그렇지 않다. 특정 분야에서 두각을 나타내는 아이를 위해 예찬이의 부모는 자신들이 할 수 있는 선에서 최선을 다했다. 다만 그들도 부모가 처음이기에, 특별한 아이를 길러 본 적이 없기에 많은 시행착오를 거친 것 뿐이다.

◀▣◀ 아이에 대한 기대와 불안 사이

예찬이 어머니의 이야기를 들어 보자.

"예찬이는 어려서부터 길을 가다 영어 간판만 보면 관심을 보였고, 두 살이 채 안 됐을 때 혼자 알파벳을 뗐을 정도였어요. 노란색과 초록색이 옐로와 그린이라는 것은 알아도 우리말은 모르는 식이었죠. 그러다 보니 저도 욕심이 생겨 예찬이의 영어 공부 시간을 늘리기 시작했던 거죠."

과연 이것이 어느 한 가족만의 문제일까? 전혀 그렇지 않다. 특별하게 눈에 띄는 재능을 보이지 않는 아이일지라도 부모는 자신이 아직 발견하지 못한 '그 무엇'이 아이에게 있을지도 모른다는 기대감을 갖고 있다. 부모는 이런 기대감을 충족하기 위해 국어, 영어, 수학 등 아이의 학원을 하나씩 늘리기 시작한다. 이도 아니면 다른 아이는 다 하는데 우리 아이만 하지 않으면 불안하다는 이유로 학원을 알아본다.

이렇게 시작된 '주입식 교육'은 일정 기간 긍정적 효과를 나타낼 확률이 높다. 한창 친구들과 뛰어놀아야 할 시기의 아이들이 '학교-학원-집'을 오가며 하루 7시간 이상을 공부하는데, 성적이 안 오르는 게 더 이상한 일이다.

문제는 이렇게 올린 성적이 끝까지 지속되지 않는 데 있다. 부모는 부모대로 화가 나고 아이는 아이대로 억울하다. 부모와 아이 모두 최선을 다 하는데 원하는 결과가 나오지 않으니 서로 환장할 노릇이다.

이것은 마치 사지선다형 시험이 익숙한 부모 앞에 '자녀의 미래에 대한 비전과 계획을 구체적으로 서술하라'는 주관식 시험지가 놓인 느낌이다. 시험지 빈칸에 어떤 대답을 적어 넣을 것인지, 지금부터 함께 고민해보기로 하자.

'이중 언어교육'의
두 얼굴

　　앞서 말한 대로 우리나라 아이들의 '초기 성적'은 매우 우수한 편이다. 어린 시절부터 조기교육과 사교육으로 훈련된 우리 아이들의 교육 수준은 세계적으로도 높은 편에 속한다. 미국 사람들이 계산기를 쓰지 않고 수학 공식을 푼 한국 유학생들을 보고 놀랐다는 일화는 더 이상 새로울 것도 없는 이야기다.

　　그러나 글로벌 사회에서 이런 교육 수준의 격차는 고등 교육기관으로 넘어갈수록 확연하게 줄어든다. 심지어 창의력과 응용력, 토론과 설득이 중심이 되는 대학, 특히 해외 대학의 커리큘럼에서 우리나라 학생들의 실력은 평균 이하로 평가받는 일이 부지기수다.

마라톤 경기에 단거리 육상선수를 출전시킨다면 아마 이와 비슷한 일이 일어날 것이다. 단거리에 적합한 근력을 가진 아이들에게 초등학교부터 대학 입학까지 무려 12년의 시간을 전력 질주하라고 채찍질하는 감독(부모) 탓에 선수(아이)는 금방 지칠 수밖에 없다.

영어 조기교육에 대한 문제는 더욱 심각하다.

영어 조기교육이 불러온 역효과

몇 년 전 육아정책연구소가 학원과 교습소 정보를 분석한 결과 전국적으로 유아를 대상으로 한 외국어학원은 2,400여 곳에 달하고, 부모는 매달 평균 약 35만 원을 외국어 교육비로 지불하는 것으로 나타났다.

많은 전문가가 조기교육이 중요한 게 아니라 적기교육이 핵심이라고 이야기한다. 그럼에도 여전히 많은 부모는 자녀가 한 살이라도 더 어릴 때 외국어에 노출시키기 위해 애를

24

쓴다. 이때 자녀의 신체 능력이나 발달 과정은 그리 중요한 문제가 아니다. 사과를 '애플'도 아닌 '애뽈~'이라고 발음하는 아이를 보면 더욱 그렇다.

한글보다 영어에 먼저 관심을 갖고, 사물의 이름을 또박또박 영어로 바꿔 말하는 아이를 보면 부모는 흥분에 휩싸인다. 생전 관심 없던 영어와 교육에 관심이 생기고, 어떻게 하면 내 아이를 조금 더 영민하게 기를 수 있을지 고민하게 된다. 아이가 자연스럽게 영어에 익숙해지도록 영어 동화책을 읽히고, 자막 없는 영어 애니메이션을 보여주고, 영어 동요를 들려주며 아이의 일상을 영어로 가득 채워 넣기 위해 많은 노력을 기울인다. 부모들이 이런 노력을 기울이는 이유는 단 하나, 아이를 두 가지 언어에 노출시키기 위함이다.

영어 영재를 둔 대부분의 부모는 '완벽한 두 가지 언어가 공존하는 환경'을 원하지만 현실은 그리 녹록지 않다. 불규칙하고 완벽하지 못한 영어교육은 오히려 아이들에게 역효과를 불러온다. '전제'부터 잘못된 교육 방식이기 때문이다.

수많은 뇌과학 전문의는 두 가지 언어가 모두 불완전한 상태에서 이루어지는 교육은 오히려 아이들에게 악영향을 끼칠 수 있다고 경고한다.

말이 서툰 아이들은 화가 났을 때 그 이유를 설명하기보다는 울음과 짜증으로 자신의 분노를 표현한다. 모국어로도 자신의 감정과 생각 전달이 어려운 아이들에게 외국어로 의사 표현을 강제하면 어찌 되겠는가? 소통의 어려움을 느낄 것이다. 온종일 영어로 수업하는 유치원에 다녀도 집중력이 떨어지고 공부에 대한 흥미를 잃는 게 당연하다.

일례로 자신이 말도 통하지 않는 낯선 나라로 여행을 갔다고 생각해 보라. 대중교통을 이용하는 것도, 식당에서 음식을 주문하는 것도 마음 놓고 할 수가 없을 것이다. 풍경이 아무리 아름다워도 여행 내내 긴장감을 떨쳐내기가 쉽지 않다. 아이들도 마찬가지다. 긴장감이 높은 아이들은 불안도도 높다. 긴장하고 불안한 상황에서는 그 어떤 학습도 눈에 들어오지 않는다.

무엇보다 유아 시절 아이들의 뇌는 아직 공부를 받아들일 준비가 돼 있지 않다. 뇌가 충분히 발달하지 않은 까닭이다. 그러므로 학습과 공부보다는 뇌의 자연스러운 발달과 성장이 우선돼야 한다. 그 토대 위에 지식의 나무를 심는 게 자연스러운 순서다.

| 영어 영재의 놀이 시간

■■ '이중 언어교육'에 대한 환상을 깨라

영어 조기교육 업체 중 소위 몇몇 기관은 '등골 브레이커'라
는 말이 절로 나올 정도로 비싼 금액을 쥐야 하지만 '내 아이
를 최고로 키우고 싶다'는 부모의 욕심은 그마저도 감당하게
한다. 아이들은 처절할 만큼 치열한 조기교육의 전쟁터로 내
몰리고 있지만 정작 부모가 원하는 결과를 얻는 경우는 매우
드물다. 스위치를 끄고 켜듯 두 가지 언어를 자유자재로 사용
하려면 수년에서 수십 년 동안 한국어와 영어가 공존하는 '이

중 언어교육 환경'에서 자라야 하기 때문이다.

더불어 개인의 학습 능력과 특성도 매우 중요하다. 부모의 바람대로 두 가지 언어를 모두 사용하는 아이도 있지만 반대로 외국어는 고사하고 모국어도 제대로 사용하지 못하는 아이도 있다. 이도저도 아닌 상태가 돼버리는 것이다.

영어 영재는 개인별 능력과 특성의 차이가 만들어낸 결과일 뿐 모든 아이에게 일반적으로 적용되지 않는다. 아이와 부모 모두를 만족시키는 외국어 학습법은 존재하지 않는다고 보는 게 옳다. 내 아이의 특성과 기질을 올바르게 이해하고 언어라는 나무가 잘 자랄 수 있도록 제대로 된 토대를 만들어 주는 게 부모가 할 일이다.

핀란드는 왜 외국어교육을
9세에 시작할까

아이들에게 외국어교육이 적절한 시기는 언제일까? 이 역시 단언하기 어렵지만 우리는 핀란드의 한 초등학교에서 이 질문에 대한 단서를 찾을 수 있었다.

핀란드는 모국어(핀란드어)와 스웨덴어 두 가지 언어를 사용하는 국가다. 덕분에 대부분의 핀란드 아이는 두 가지 언어를 자유자재로 사용하고, 그중 상당수는 세 가지 이상의 언어를 제법 유창하게 사용하기도 한다. '두 가지 언어에 노출된 교육 환경'을 만들기 위해 노력하는 우리나라의 부모들이 바라는 긍정적 결과물인 셈이다.

그런데 재미있는 사실이 하나 있다. 핀란드에서 아이들에게 별도로 외국어교육을 시작하는 시기가 초등학교 3학년 때부터라는 것이다. 핀란드 아이들은 일곱 살에 초등학교에 입학하는데 아홉 살이 돼서야 비로소 영어, 독일어, 프랑스어 등 다른 외국어를 선택해 배울 수 있다. 말문이 트이지 않은 아이들에게 '알파벳 송'을 들려주고, 모국어가 서툰 아이들을 영어 유치원으로 보내는 우리와는 너무도 다른 모습이다.

빠이반게르하초등학교(Pävänkehrän Koulu) 교사인 마리아 메리칸토(Maria Merikanto)는 핀란드 아이들의 외국어교육에 대해 다음과 같이 말한다.

"정확한 수치는 알 수 없지만 핀란드 아이들은 최소 세 가지 이상의 언어를 원활하게 구사합니다. 모국어와 스웨덴어에 노출된 환경에서 자란 덕분에 자연스럽게 두 가지 언어를 깨우치게 되죠. 그리고 뇌가 튼튼하게 성장을 마치고 본격적으로 교육을 받을 수 있는 준비가 된 아홉 살 이후 또 다른 언어를 선택해 배우게 됩니다."

핀란드에서 영어를 가르치는 교사들은 놀랍게도 원어민 교

| 빠이반게르하초등학교 교사 마리아 메리칸토

사가 아니다. 그들 역시 핀란드에서 나고 자란 내국인이지만
아이들에게 영어를 가르치는 데 아무런 문제가 없다. 원어민
교사에 집착하는 우리의 교육 현장과는 완전히 다른 모습이다.

뇌의 발달 과정에 주목하라

핀란드에는 '조기교육'이란 단어가 존재하지 않는다. 핀란드
아이들이 기본적으로 두 가지 언어를 사용할 수 있는 것은 교

육이 아닌 국가 전체가 복수의 언어를 사용하는 '문화적 환경' 때문이다. 여기서 우리가 주목해야 할 부분은 '이중언어' '복수의 언어'가 아니라 "핀란드 아이들은 첫 외국어교육을 아홉 살부터 시작한다"는 사실이다. 핀란드에서는 아이들이 새로운 언어를 배울 수 있는 최적의 시기를 아홉 살 이후로 판단하고 있는 것이다.

국내 뇌과학 분야의 최고 권위자로 손꼽히는 가천대학교 뇌과학연구원 서유헌 원장의 조언 역시 핀란드의 교육 방침과 맥락을 같이한다.

서 원장은 뇌의 발달 과정을 무시한 교육은 사상누각에 불과하고, 더 나아가 아이가 온전히 누려야 할 올바른 성장을 기대할 수 없게 한다고 지적한다.

"보다 쉬운 이해를 위해 먼저 '뇌의 삼층문'이라는 단어에 대해 설명하고자 합니다. 우리 신체 중 가장 복잡한 구조로 이뤄져 있는 뇌는 대략 3개 층으로 구성돼 있습니다. 3층짜리 건물을 떠올리면 보다 이해하기 쉬울 것입니다.

우리 뇌의 1층은 뇌의 가장 밑 부분에 위치해 있는, 이른바 '생명의 뇌'라고 할 수 있습니다. 척추와 맞닿아 있는 1층이

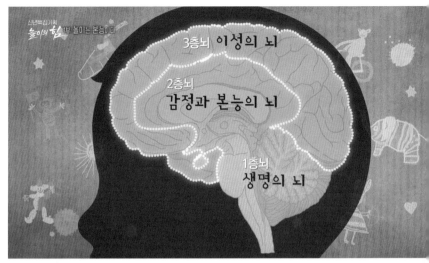

| 생명의 뇌, 감정과 본능의 뇌, 이성의 뇌로 구성된 '뇌의 삼층문'

망가지면 '뇌사'로 이어집니다. 그러므로 아이가 건강하게 태어났다면 뇌의 1층이 처음부터 잘 발달돼 있다는 뜻입니다. 뇌의 2층은 '감정과 본능'을 관장하는데, 보통 유아기에 가장 빠르게 발달합니다. 마지막으로 뇌의 3층인 '대뇌피질'은 인간만이 가지고 있는 영역입니다. 이 부분이 있기 때문에 인간은 2층의 뇌 구조를 가진 다른 동물들과 차별화되는 거죠. 대뇌피질의 발달을 통해 인간은 언어와 창의성, 사회성 등을 익히게 됩니다."

이를 조금 더 자세히 설명해보자. 미국의 신경생리학자 폴 맥린(Paul MacLean)은 인간의 뇌를 파충류의 뇌(Reptilian Brain), 구포유류 뇌(Paleomammalian Brain), 신포유류 뇌(Neomammalian Brain)로 나누고 이를 '삼위일체 뇌(Triune Brain)'라고 불렀다.

첫째, 1층 뇌인 파충류의 뇌는 가장 원시적인 부분으로 감각적 자극을 인지하고 그것에 반응한다. 삼위일체 뇌 중 가장 진화가 덜 되었기 때문에 '악어의 뇌' 또는 '뱀의 뇌'라고도 부른다. 둘째, 2층 뇌인 구포유류 뇌는 주로 감정과 본능을 담당하는 곳으로 인간의 희로애락이 대부분 이곳에서 일어난다. 셋째, 3층 뇌인 신포유류 뇌는 흔히 '인간의 뇌'라고 불리는 곳으로 이성과 논리를 기반으로 합리적인 사고를 가능케 한다. 인간을 가장 인간답게 만들어주는 곳이다.

앞서 서 원장은 건강하게 태어났다는 건 곧 생명을 관장하는 뇌의 1층이 튼튼하다는 것을 뜻한다고 말했다. 다만 뇌의 1층은 2층, 3층과 다르게 생후 특별하게 발달하지 않는다. 뇌의 2층과 3층은 후천적 환경에 따라 성장 속도가 달라질 수 있지만 뇌의 1층은 큰 사고나 질병을 겪지 않는 한 처음 상태 그대로 우리의 생명을 유지시키는 토대로 작용한다.

우리 아이들이 감당해야 할 '교육'이라는 모든 행위의 목적은 뇌의 2, 3층 발달과 맞닿아 있다. 3층 건물의 꼭대기에 올라가려면 반드시 2층을 거쳐야 하는 것처럼 인간 고유의 능력, 즉 교육을 통해 기를 수 있는 역량을 관장하는 뇌의 3층을 발전시키기 위해서는 먼저 뇌의 2층을 튼튼하게 만드는 작업이 반드시 선행돼야 한다.

그렇다면 뇌의 2층을 건강하게 만드는 가장 중요한 요소는 무엇일까? 아마도 많은 사람이 이에 대한 답을 알고 있을 것이다. 바로 '놀이'다.

조기교육보다
놀이가 먼저다

앞서 설명한 대로 뇌의 2층은 인간의 감정과 본능을 관장한다. 감정과 본능은 외부 요인에 영향을 받지 않는다. 감정과 본능을 조절할 수 있는 주체는 오직 자기 자신뿐이라는 뜻이다. 이런 뇌의 2층이 발달하기 위해서는 상식적인 사회적 규범의 틀 안에서 감정과 본능이 충족돼야 한다.

어린 아이의 감정과 본능을 넘치게 충족시켜 줄 수 있는 방법은 과연 무엇일까? 바로 '부모와의 애착관계'다. 적절한 놀이를 통해 부모와 자연스럽게 애착관계가 형성되면 아이들의

2층 뇌 역시 건강하게 성장할 수 있다. 전문가들은 인간의 감정과 본능을 관장하는 뇌의 2층이 유아기에 가장 많이, 가장 빨리 발달된다고 이야기한다. 예를 들어 뜨거운 냄비에 손을 데거나 날카로운 칼날에 손을 벤 경험이 있으면 아픔과 고통을 느끼고 이후부터 조심하는 식이다.

놀이도 마찬가지다. 아이들은 놀이를 통해 희로애락을 배우고 순간의 느낌과 감정을 통해 놀거리를 결정한다. 공룡을 좋아하는 아이는 공룡 장난감이나 공룡 동화책을 보면 기쁨의 환호성을 지르며 소유욕을 드러낸다. 자동차를 좋아하는 아이는 길가의 소방차만 봐도 눈을 떼지 못한다. 반대로 강아지한테 크게 물린 경험이 있는 아이는 골목에서 강아지와 마주치기만 해도 그 자리에서 얼어붙는다. 평소 강아지를 좋아하던 아이라도 '물린 트라우마'에서 벗어나기가 쉽지 않다. 그네에서 떨어져 크게 다친 경험이 있는 아이 역시 마찬가지다. 이런 아이들은 어느 정도 시간이 흐른 후 다시 그네에 앉아도 다른 아이처럼 그네의 반동을 즐기지 못하고 잔뜩 긴장하기 일쑤다. 이처럼 아이들은 놀이를 통해 자신이 무엇을 좋아하는지, 무엇을 조심해야 하는지 또 어떻게 노는 것이 안전한지를 배워 나간다. 제대로 놀아 본 아이들의 뇌는 그렇지 못한 아이들에 비해 건강하게 성장할 가능성이 높다.

유아기의 강제적 자극은 아이의 두뇌 발달을 저해한다

바나나를 먹으려면 껍질을 벗겨야 하고 짜장면을 먹으려면 젓가락을 준비해야 하듯 우리의 뇌 성장에도 '정석'이 있다.

이와 관련하여 서유헌 원장은 다음과 같이 말한다.

"아이들의 어휘력이 폭발적으로 늘어나기 시작하는 3세 이후 유아기는 뇌의 2층이 어느 정도 자리를 잡은 뒤 급속하게 발달하는 때입니다. 아이들은 이 시기에 자연스럽게 접하는 언어를 통해 어휘력을 쌓아 가게 됩니다. 하지만 이와 별개로 이 나이대에의 뇌는 본격적으로 언어에 대한 교육을 받을 준비가 되어 있지 않습니다. 언어를 담당하는 뇌의 3층, 즉 측두엽의 발달 시기가 아니기 때문이죠.

그런데 이 시기에 조기교육, 특히 외국어교육으로 뇌에 과부하가 걸리면 언어 습득이 지연되는 것은 물론이고 평생 애

신년특집기획
놀이의 힘 1부 놀이는 본능이다

서유헌
가천대학교 뇌과학연구원 원장

남보다 먼저 하면 망합니다.
뇌가 발달하기 전에 가르치면 망해요

| 가천대학교 뇌과학연구원 서유헌 원장

착장애 같은 심리적 문제를 안고 살아가야 합니다. 다시 말해 유아기에 강제적으로 지적 자극을 받게 되면 아이들의 뇌 발달에 나쁜 영향을 미칩니다.”

그리고 서 원장은 뇌의 2층이 발달하는 시기에 뇌의 3층도 함께 성장하기 시작한다는 사실에 주목해야 한다고 말한다. 뇌의 발달이 ‘1층 발달 끝, 2층 발달 시작!’ ‘2층 발달 끝, 3층 발달 시작!’처럼 칼로 무 자르듯 이루어지는 게 아니라는 이야기다.

서 원장은 "그러므로 아이들에게 자신의 본능과 감정을 마음껏 드러낼 수 있는 놀이 시간을 넉넉히 제공해주어야 한다"라고 조언한다. 그 과정에서 뇌의 3층, 소위 '인간의 뇌'에 해당하는 '전두엽'이 동시에 발달하기 때문이다.

전두엽은 대뇌피질 중 가장 중요한 역할을 담당한다. 사회적 동물로서의 경쟁력을 갖추기 위해 우리에게 필요한 계획력, 실행력, 문제해결력 등을 관장하여 인간을 인간답게 만들어준다. 최근 실행된 다수의 연구 결과에 따르면 전두엽의 기

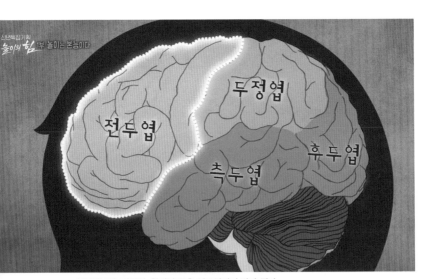

│ 동기부여, 집중력, 창의력 등은 전두엽에서 발달 된다

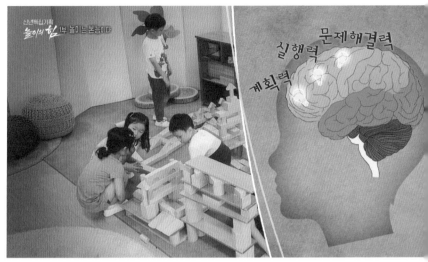

| 경쟁력 있는 인재로 성장시키는 계획력, 실행력, 문제해결력

초 발달은 유아기에서 유치원 시기에 이뤄진다. 전두엽의 발달은 뇌의 2층과 맞닿아 있는데, 충분한 놀이를 통해 뇌의 2층을 튼튼하게 만들었다면 아이들의 전두엽은 아무 문제없이 발달할 수 있다. 뇌과학계가 아무 이유 없이 "유아기 아이들에게 충분한 놀이를 보장해야 한다"라고 말하는 게 아니다.

참고로 부모들이 가장 중요한 교육 중 하나로 여기는 '언어' 영역은 측두엽이 담당한다. 측두엽이 발달하는 시기는 아이들이 초등학교에 입학하는 7~8세 이후다. 실제로 대다수 전문가는 적절한 언어교육 시기를 초등학교 입학 후로 본다. 아이들이 초등학생이 되고 나서 언어교육을 시작해도 늦지 않다는 뜻이다. 핀란드 초등학교의 교과 과정과 놀랄 정도로 일치하는 부분이다.

4차 산업혁명시대에 살아남을 인재의 조건

청소년과 대학생을 대상으로 한 희망 직업 설문조사를 보면 안정성이 우선시되는 직업군이 거의 상위권을 차지하고 있다. 이는 우리 스스로 호기심과 창의력이라는 인간 고유의 영역을 걷어찼다는 뜻과 별반 다르지 않다. 하지만 이는 쉽게 포기할 수도 포기해서도 안 되는 부분이다. 놀이를 다른 말로 하면 호기심과 창의력인데 이것이 바로 인간과 기계를 구분하는 가장 확실한 영역이다.

알버트 아인슈타인(Albert Einstein)은 초등학교 때 교사로부터 다음과 같은 평가를 받았다. '나쁜 기억력, 불성실한 태도 등을 볼 때, 이 아이는 앞으로 어떤 일을 해도 성공할 수 없을 것으로 판단됨.' 교사로부터 학습부진아로 의심받던 아인슈

타인은 스스로에 대해 다음과 같이 이야기한다. "나에게는 특별한 재능이 없다. 단지 모든 것에 열렬한 호기심이 있을 뿐이다." 어린아이의 넘치는 호기심이 교사 눈에는 불성실함으로 비친 것이다.

1965년 노벨물리학상을 수상한 리처드 파인만(Richard Feynman)은 자유분방한 괴짜 물리학자로 유명한데, 그는 평소 '놀이가 일상, 일상이 과학'이라고 이야기했다. 이를 증명하듯 그는 자신의 전공 분야인 물리학뿐 아니라 모든 공부를 연구 대상이 아닌 즐겨야 할 놀이거리로 생각했다.

전공이 맘에 들지 않는다는 이유로 대학교를 중퇴한 스티브 잡스(Steve Jobs)를 세계적인 CEO로 키워낸 힘 역시 호기심과 즐거움이었다. 그는 전공이 마음에 들지 않는다는 이유로 대학교를 중퇴했지만, 그 후에도 흥미로운 수업이 있으면 열심히 도강과 청강을 했다. 잡스의 인생을 바꾼 서체 디자인 수업 또한 정규 과정이 아닌 도강에서 접한 것인데, 그는 훗날 이 디자인 수업에서 배운 서체를 발전시켜 매킨토시에 응용 큰 성공을 거두게 된다.

이쯤에서 우리는 "내가 하려는 일이 물리학 발전에 얼마나

기여하는가는 별로 중요하지 않다. 문제는 그 일이 얼마나 즐겁고 재미있느냐다"라는 리처드 파인만의 말을 기억할 필요가 있다. 인공지능, 사물인터넷, 로봇 기술, 드론, 자율주행차, 가상현실 등 4차 산업혁명으로 대변되는 시대를 살아가야할 우리 아이들에도 적용되는 말이기 때문이다.

이제 우리는 아이들을 기술의 지배를 받는 사람이 아닌, 기술을 지배할 수 있는 사람으로 키워야 한다. 남과 다른 철학적 사고와 창의력으로 무장한 사람만이 살아남을 수 있는 세상이 다가오고 있다. 새로운 세상이 원하는 인재로 키워내는 기초적이고 근본적인 방법이 놀이에 있다면, 굳이 그것을 하지 않을 이유가 무엇이란 말인가?

전두엽 발달에
부작용을 일으키는 강제 학습

놀이는 인간의 성장뿐 아니라 인지 발달에 지대한 영향을 미친다. 특히 아이의 뇌 성장에 있어 놀이는 가장 중요하고 핵심적 역할을 담당한다. 아이들은 놀이를 통해 뇌의 회로가 연결되며 오감을 기억할 수 있게 된다. 또한 놀이를 통해 다양한 감정을 느끼고 조절하며 교류하는 법도 배운다. 뇌의 2층, 소위 '감정과 본능의 뇌'가 발달하는 과정인 것이다.

3세 이후로는 뇌의 3층, 이른바 '이성의 뇌'가 성장하기 시작한다. 이는 아이가 본격적으로 놀이를 접하게 되는 시기와 맞물린다. 이성의 뇌를 둘러싸고 있는 대뇌피질 부위인 전두엽, 두정엽, 측두엽, 후두엽의 본격적인 발달도 이 시기에 이뤄진다.

그러나 조기교육은 이런 '아이들의 올바른 성장 과정'과 정면으로 배치된다. 배움을 받아들일 충분한 토대를 쌓지 못한 채 억지로 주입한 지식은 분명 아이들에게 부정적 영향을 미친다. 서유헌 원장은 이에 대해 다음과 같이 말한다.

| 자유놀이 후 무려 443%나 증가한 알파파

"우리 아이들의 교육 중 특히 언어와 관련된 학습은 남보다 먼저 하면 망합니다. 뇌가 발달하기 전에 가르치면 망해요. 오히려 뇌만 망가질 뿐입니다. 재차 강조하지만, 유아기에는 전두엽을 잘 발달시키는 데 초점을 맞춰야 합니다. 우리나라 부모들은 조기교육이 전두엽의 발달에 치명적인 부작용을 일으키는 최악의 선택이라는 사실을 깨달아야 합니다."

30분간 자유놀이 후 443.3% 증가한 알파파

'비자발적 학습이 두뇌에 미치는 영향'을 알아보기 위해 한 가지 실험이 진행됐다. 실험자는 11세 아동 7명에게 충분한 시간 터울을 두고 30분의 자율 협동놀이(자유놀이), 30분의 비자발적 공부(강제학습)를 수행하도록 했다. 이후 아이들의 뇌파, 특히 알파파와 베타파의 변화를 측정해 수치화하여 놀이와 학습이 뇌에 미치는 영향을 분석했다. 이 실험의 결과는 확실하고 명확했다.

자율 협동놀이를 하고 난 뒤 아이들의 알파파는 평균 443.3% 증가했다. 30분간 강제학습을 하고 나서 측정한 아이들의 뇌에서 알파파가 100만큼 나왔다면, 30분간의 자유놀이를 마친 아이들의 뇌에서는 무려 443.3에 달하는 알파파가 나왔다는 뜻이다. 다시 한 번 말하지만 아이들의 놀이 시간은 30분에 불과했다.

반면 비자발적으로 공부한 뒤 아이들의 베타파는 130.2% 증가했다. 30분의 강제학습만으로도 아이들의 뇌에 부정적 영향을 끼치는 베타파가 급격히 증가한 것이다.

자율 협동 놀이 후에 비해
비자발적 공부 후 베타파는 130.2% 증가

| 비자발적 학습을 한 뒤 130% 증가한 베타파

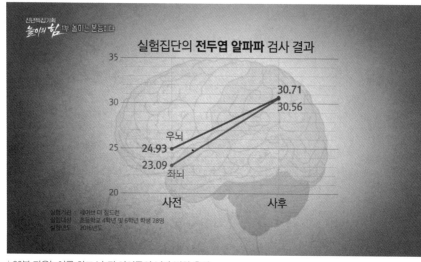

| 60분 자유놀이를 하고 난 뒤 아이들의 뇌파 변화 추이

지난 2016년 서울의 한 초등학교와 세이브더칠드런이 함께 11세~13세의 30명 아이를 대상으로 4개월 동안 이와 비슷한 실험을 진행했다. '잘 노는 우리 학교 만들기'라는 타이틀로 진행된 실험이었다.

해당 학교는 매주 한 번씩 아이들에게 60분 동안 자유놀이 시간을 제공한 뒤 아이들의 뇌파 변화를 측정했다. 이 실험의 결과도 앞선 실험과 크게 다르지 않았다.

실험 전에 측정한 30명의 평균 알파파는 우뇌 24.93, 좌뇌 23.09인 데 반해 실험 후에 측정한 평균 알파파는 우뇌

30.71, 좌뇌 30.56으로 20% 이상 수직상승했다.

좌뇌 전두엽(39.4)과 우뇌 전두엽(30.4)의 불균형이 심각했던 한 아동의 경우 4개월 동안 매주 한 번, 1시간가량 자유놀이 시간을 가진 것만으로도 알파파의 수치가 상승한 것은 물론 좌뇌 전두엽(49.6)과 우뇌 전두엽(49.2)의 불균형이 뚜렷하게 개선됐다. 수억 원의 조기교육 비용을 투자한다고 해도 절대 얻을 수 없는 놀라운 결과물이었다.

놀이와 학습의 균형은 선택이 아닌 필수

명우임상심리연구소 백현주 수석 책임연구원은 알파파와 베타파에 대해 이렇게 말한다.

"알파파는 전부를 볼 수 있는 통찰의 힘을 관장합니다. 더 나아가 아이들의 창의성과 집중력에 크게 관여하죠. 알파파가 지속적이고 정기적으로 잘 나온다는 것은 뇌가 균형적으로 발달하고 있음을 확인시켜 주는 가장 확실한 지표입니다.

앞선 실험에서 아이들에게 자유로운 놀이를 허락하는 것만

백현주
명우임상심리연구소 수석책임연구원

(알파파는) 전부를 볼 수 있는 통찰의 힘
그리고 그럴 때 나오는 창의성, 집중력에 많이 관여를 하거든요

| 명우임상심리연구소 백현주 수석 책임연구원

으로도 풍부한 알파파가 나온다는 사실을 확인할 수 있었습
니다. 놀이가 아이들의 뇌 발달과 성장에 얼마나 중요한 역할
을 하는지에 대한 근거를 눈으로 확인한 셈이죠."

반면 베타파는 불규칙적 뇌파로 아이들의 정신 활동과 관
련이 깊다. 특정 과제에 집중하거나 스트레스를 받을 때 발생
하는 베타파의 수치가 높아지면 뇌의 불균형을 초래하게 된
다. 뇌의 불균형은 통합적 사고에 많은 어려움을 겪게 하는데
집중력에 문제가 생기거나 창의성이 발휘되지 않는 식이다.

건강한 뇌로 성장하기 위해서는 그 무엇보다 놀이와 학습의 균형이 필요하다.

다만 여기서 주의할 점이 하나 있다. 알파파가 좋다고 무조건 알파파가 풍부한 상태를 유지하는 것은 그리 바람직하지 않다. 많은 뇌 과학자가 알파파 상태가 지나치게 오랫동안 지속되면 뇌가 수면 상태와 비슷해져 일이나 학습을 제대로 수행할 수 없다고 지적한다. 즉 1~2시간 정도의 놀이를 통해 알파파가 충분히 배출됐다면 알파파가 배출된 탄력으로 어느 정도 학습을 병행하는 게 좋다는 이야기다.

따라서 부모는 물론 사회적으로도 아이들에게 자유로운 놀이와 충분한 시간을 제공해야 한다. 우리 아이들에게 조기교육과 같은 강제학습을 최소화해 나쁜 베타파의 수치를 낮추고 두뇌의 균형 잡힌 성장과 발달을 불러오는 알파파의 수치를 높이기 위한 노력이 필요하다.

균형 잡힌 뇌의 발달과 성장을 마친 아이들은 어떤 문제가 닥쳐도 효율적으로 해결할 수 있는 능력을 가지게 된다. 이제 우리 아이들에게 놀이와 학습의 균형 잡힌 일상은 선택이 아닌 필수다.

⊞ 전두엽을 튼튼하게 만드는 최고의 기초공사, 놀이

전두엽은 유아기 때 기초가 형성되고 초등학교에서 중·고등학교를 거쳐 청년기에 이르기까지 꾸준히 발달과 성장을 거듭한다. 조기교육은 이런 뇌의 발달 과정을 완전히 무시하는 선택이다.

백현주 연구원의 이야기를 다시 한 번 들어 보자.

"이해하기 쉽게 설명하면 아이들은 뇌라는 건축물을 광범위하게 받치기 위해 전두엽이라는 뼈대를 튼튼하게 만들어야 합니다. 그런데 조기교육은 골조만 올린 건물 꼭대기 한 구석에 아주 무거운 짐을 밀어 넣는 것과 같습니다. 기초공사가 부실한 건물에 인테리어만 멋들어지게 한다고 무슨 의미가 있을까요? 하루하루 건물이 무너지지 않을까 걱정하며 살아야 할 겁니다."

백 연구원은 아이들의 뇌는 건축물과 같다고 말한다. 자유놀이로 전두엽을 튼튼하게 만드는 기초공사를 마친 뒤에야 비로소 아이들은 학습을 받아들일 수 있다. 아이들을 위해 선택한 조기교육이 결국 아이들의 현재와 미래의 가능성마저 빼앗아가는 안타까운 결과로 이어지는 경우가 많은 이유가 바로 여기에 있다.

남보다 조금 더 빨라야 성공이라고 인정해주는 사회, 하루라도 빠른 학습은 선택이 아닌 필수라는 부모의 인식. 이 모든 것이 우리 아이들의 성장과 발달에 부정적 영향을 미치는 요소로 작용하고 있는 셈이다.

소통을 원한다면
맞장구를 쳐라

아이들의 올바른 성장과 발달을 위해서는 각 나이대의 특성에 맞는 섬세한 배려가 필요하다. 그러나 우리 아이들은 걷기도 전에 뛰기를 강요당하고 있다. 이를 증명하듯 외국어 조기교육의 부작용 또한 눈에 띄게 증가 중이다.

외국어 조기교육의 부작용은 단순한 언어 습득의 지연에 그치지 않는다. 모국어 습득이 늦어짐에 따라 타인과의 교류와 공감에 어려움을 드러내거나 폭력적 성향을 보이거나 불안과 우울 증상, 심리적 위축에 따른 사회성 결여 등 여러 가지 심리적·사회적 문제가 나타나고 있다.

명지대학교 아동심리치료학과 선우현 교수는 이 문제에 대해 다음과 같이 말한다.

"조기교육에 따른 부작용은 정도의 차이가 있을지언정 모든 아이에게 잠재돼 있습니다. 아이들의 정서가 발달해야 할 시기에 때 이른 학습, 그것도 명백히 외부적 강압이 개입된 방식을 택한 것이 바로 문제의 시발점입니다. 언어와 같은 인

| 명지대학교 아동심리치료학과 선우현 교수

지적 학습은 아이들의 정서적 기초를 탄탄히 다지고 난 뒤 시행하는 게 가장 좋습니다."

선우현 교수는 조기교육, 강압적 교육, 일방적 교육 과정에서 아이에게 '모종의 문제'가 발생해도 그 상처가 외상처럼 눈에 보이지 않는 것을 우려한다. 눈에 보이지 않기에 대부분의 부모가 대수롭지 않게 여기는 것이다. 특히 조기교육으로 아이들이 좋은 성적을 받아 오면 부모는 이런 신호를 알면서도 더욱 무시하게 된다.

아이의 첫 놀이친구, 엄마

이런 상황에서 아이들은 무엇이 잘못되었는지 모른 채 여러 문제를 안고 성장한다. 한 가지 예로 앞서 등장한 영어 영재 예찬이의 경우, 촬영 초기 자신의 누나에게 물건을 던지거나 머리카락을 잡아당기는 등 타인의 고통에 공감하지 못하는 모습을 보였다.

아이들의 정서적 불안정은 자연스레 공격적 행위로 이어진다. 타인과 공감대를 형성하지 못하면 당연히 사회성도 결여된다. 가족인 누나와도 제대로 어울리지 못하는 예찬이의 경우 또래 친구들과 어울리는 게 더욱 어려울 수밖에 없다.

한 놀이치료센터에서 실시한 예찬이의 문제행동증후군 테스트 결과 정서적 반응, 불안과 우울, 신체 증상, 위축, 수면 문제, 주의집중, 공격적 행동 등 7개 검사 가운데서 신체 증상과 주의 집중을 제외한 5개 항목에서 '치료를 요한다'는 판정을 받았다.

이것으로 끝이 아니었다. 현재 5년 3개월인 예찬이의 인지적·정서적 발달 상태가 실제 나이에 한참 미치지 못하는 것으로 나타났다. 영어는커녕 우리말조차 말문이 트이지 않았을 정도로 인지적 발달 속도가 확실히 더뎠다.

놀이센터에서 진행한 문제행동증후군 테스트에서 충격적 결과를 받아든 예찬이의 부모는 곧바로 치료에 들어갔다. 전문가는 학습에 밀려 그동안 뒷전이었던 '놀이'야말로 아이의 현재 상태를 치료할 수 있는 유일한 방법이라는 사실을 강조하며, 지금 당장 가족이 함께 밖으로 나갈 것을 권했다.

예찬이의 부모는 전문가의 조언을 받아들여 놀이를 중심으

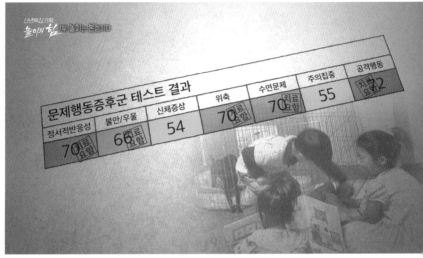

| 7개 검사 항목 중 5개 항목에서 '치료 요함'을 받은 예찬이의 테스트 결과

로 한 치료에 적극적으로 동참하기로 했고, 치료 당일 아이와
함께 '그림놀이'를 진행했다. 놀이에 익숙하지 않은 예찬이의
첫 놀이친구는 바로 '엄마'였다.

선우현 교수는 예찬이의 어머니에게 아이가 무엇을 표현
하든 마음대로 그리도록 응원하고 지지해주는 게 중요하다
고 강조했다. 그림놀이의 목적은 아이의 미술 실력 향상이
아니라 아이와 엄마가 함께 그림을 그리는 과정을 통해 타인
과의 상호작용이 어떻게 일어나는지 깨닫게 해주는 데 있기
때문이다.

결국 놀이 치료의 핵심은 아이와 부모의 공감과 소통이다. 전문가는 예찬이 부모에게 놀이센터에서의 치료 시간 외에도 매일 집에서 함께 놀이 시간을 보낼 것을 제안했다. 그리고 예찬이의 부모에게는 아들의 노는 시간을 응원해주고 진정으로 놀이를 즐기도록 도와주는 과제가 주어졌다.

놀이 치료 10주 만에 일어난 놀라운 변화

선우현 교수는 놀이 치료에서 부모의 역할은 따로 있다고 조언한다.

"아이들에게는 아주 작은 응원이나 지지도 큰 힘으로 다가옵니다. 부모의 칭찬을 받은 아이는 '내가 잘하고 있구나' '좀 더 노력해 봐야겠다'는 등 긍정적 생각을 하게 되죠.

아이의 사소한 행동에 너무 호들갑을 떨거나 잘못된 행동에도 무조건 응원하라는 뜻은 아닙니다. 그냥 아이가 하는 것을 지켜보다가 가끔씩 '잘하고 있네'라고 말해주거나 '얼룩말을 그렸구나'라고 맞장구를 쳐주는 정도면 충분합니다."

부모와 함께 꾸준히 놀이 시간을 가진 지 10주 후, 예찬이의 모습은 몰라보게 달라져 있었다. 웅얼거리는 듯한 말투로 단편적 단어조차 명확하게 표현하지 못했던 예전과 달리 자신이 전달하고자 하는 내용을 정확한 문장으로 자연스럽게 표현하게 됐다.

다소 폭력적이고 개인주의적이던 부정적 성향도 상당히 호전됐다. 누나에게 물건을 던지는 대신 같이 동화책을 읽거나 역할놀이를 즐기는 등 '함께하는 놀이'에 익숙해진 모습을 보여줬다.

예찬이의 긍정적 변화는 객관적 수치를 통해서도 확인할 수 있었다. 문제행동증후군 척도에서 '치료 요함' 평가를 받았던 5개 항목 가운데 4개 항목에서 유의미한 변화가 관찰된 것이다. 보다 자세히 살펴보면 정서적 반응성 70(치료 전) → 60(치료 후), 불안과 우울 66 → 56, 위축 70 → 65, 공격적 행동 72 → 67 등 수치가 감소된 것이 확인됐다. 다만 수면 문제는 70 → 80으로 다소 높아져 이에 대한 별도의 치료가 필요하다는 진단을 받았다.

예찬이는 다양한 놀이를 통해 언어적 의사소통이 활발해지고, 타인과의 상호작용에 대한 빈도가 늘어남에 따라 사회성이 놀라울 정도로 향상됐다. 또한 놀이에 집중하는 시간이 길어짐에 따라 어울림을 거부하는 문제 행동이 사라지고 타인에 대한 공감대 형성도 제법 능숙해진 것으로 나타났다. 놀이 치료를 시작한 지 10주 만에 일어난 놀라운 결과였다.

이 같은 예찬이의 변화를 이끌어낸 건 결국 어머니의 결심이었다. 아이 교육에 대한 욕심을 내려놓고 함께 웃고 떠들며 같은 추억을 공유함으로써 예찬이를 다시 한 번 올바른 성장

문제행동증후군 척도

	정서적반응성	불안/우울	신체증상	위축	수면문제	주의집중	공격행동
치료전	70	66	54	70	70	55	72
치료후	60	56	50	65	80	50	67

| 놀이 치료 후 5개 항목 중 4개 항목에서 유의미한 변화를 이끌어낸 예찬이

의 길로 인도한 것이다. 아들의 변화된 모습을 지켜본 예찬이 어머니는 이렇게 말한다.

"얼마 전에 스튜디오 촬영을 하러 갔는데 예찬이가 옷을 입혀주던 이모한테 먼저 다가가서 덥석 안기더니 장난을 치더라고요. 예전 같았으면 상상도 할 수 없는 일이었죠. 친구들이 있는 놀이터를 가도 구석에서 혼자 놀 정도로 다른 사람과의 교류에 어려움을 겪었는데 말이에요. 그뿐 아니라 최근에 예찬이를 만난 사람들이 '아이가 애교가 많고 귀엽네요'라고 말해주더라고요. 엄마인 제가 직접 눈으로 보고도 쉽게 믿지 못할 만큼 극적인 변화를 보여주고 있어요."

엄마의 결심이 아이를 바꾼다

어떤 아이들에게는 놀이가 그저 일상에 불과하지만 또 다른 아이들에게는 그것이 삶의 전환점이 되기도 한다. 문제는 모든 일에 때가 있다는 것이다. 놀이 치료에도 분명 적절한 때가 있다. 때를 놓치면 아무리 좋은 치료라도 큰 효과를 기대하기 어렵다.

혹자는 아이에게 고가의 옷을 입히고 좋은 학원을 보내는 등의 물질적 보상으로 '내 아이를 부족함 없이 키운다'고 생각하지만, 지금 우리 아이에게 필요한 것은 백화점과 학원 쇼핑이 아니라 부모와 함께 놀 수 있는 시간이다. 그리고 아이와 놀 수 있는 시간은 생각보다 길지 않다. 아이에게 놀이를 돌려주려는 어머니의 노력에 힘입어 여섯 살 예찬이가 세상 밖으로 나온 것처럼, 부모라면 누구나 내 아이에게 새로운 세상을 선물하려는 노력을 기울여야 한다. 부모의 생각이 변하면 아이의 인생이 바뀐다는 사실을 기억하자.

아이들에게 놀이는
단순한 시간 때우기가 아니다

대한민국은 부모의 높은 교육열
이 조기교육과 사교육이라는 다소 어긋난 형태로 구현되는 나
라이기도 하다. 실제로 많은 부모가 부족한 살림에도 아이 교
육에는 아낌없는 투자를 한다. 일반 어린이집의 몇 배가 넘는
금액을 지불하는 '놀이학교'나 한 달 수업료가 수백만 원에 달
하는 영어 유치원의 대기번호가 세 자릿수를 넘어가는 것만
봐도 그 열기가 얼마나 대단한지 짐작할 수 있다.

그러나 앞서 말했듯 조기교육을 강요당한 아이들에게는 심
각한 문제가 발생할 확률이 높다. 육아정책연구소는 지나친

조기교육과 사교육, 놀이 부족 등을 이유로 상담센터를 찾은 아이들을 관찰한 결과 놀라운 사실을 확인할 수 있었다. 아이들은 성인도 감당하기 힘든 관계의 어려움(13.5%), 사회적 미성숙(11%), 불안(9.8%), 감정 조절의 어려움(9.3%), 주의산만(9.1%), 위축(6.4%), 우울(4.8%) 등의 문제를 안고 있었던 것이다. 조기교육으로 지적 능력이 향상됐을 거라는 부모들의 기대와 달리 아이들은 다양한 정신적 문제를 호소했다.

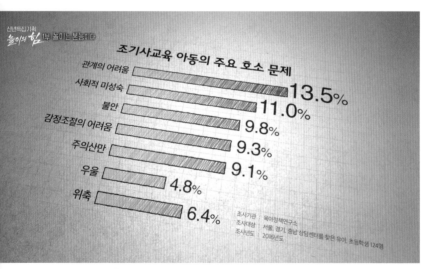

| 조기교육의 영향으로 우울, 불안, 주의산만 등을 호소하는 아이들

조기교육에 대해 숙명여자대학교 아동복지학부 정선아 교수는 이렇게 말한다.

"물론 조기교육에 대해 무조건 '나쁘다'거나 '아무런 효과가 없다'고 단언할 수는 없습니다. 최근 들어 조기교육의 부작용이 속속 발표되고 우리나라 부모들의 잘못된 신념으로 인식되는 경향이 강해졌지만, 한편으로는 나름의 성과를 거둔 사례가 있는 것도 분명한 사실입니다.

문제는 조기교육으로 소위 '신동' 소리를 듣는 일부 아이의 모습을 본 부모들이 정체를 알 수 없는 막연한 확신을 갖게 되는 것입니다. '내 아이도 저렇게 될 거야'라는 식의 기대감을 가진다는 이야기죠. 현실은 십중팔구 부정적 결과로 이어질 뿐인데도 말입니다."

정 교수는 부모의 일방적인 조기교육은 아이들에게 버거울 수밖에 없다고 말한다. '아이의 관점'이 아닌 '어른의 관점'에서 교육 방식을 정하기 때문이라는 것이다. 아직 성장과 발달이 한창인 아이들에게 어른의 눈높이를 강요하는 조기교육은 얇은 플라스틱으로 만든 차체에 슈퍼카 엔진을 탑재하고 고

| 숙명여자대학교 아동복지학부 정선아 교수

속도로를 달리게 하는 것과 같다. 플라스틱에 슈퍼카 엔진을 얹은 차의 주행은 반드시 사고로 이어진다. 조기교육도 마찬가지다.

비교군의 증가가 불러온 불행

지나친 교육열은 비단 우리나라만의 문제는 아니다. 한 가지 예로 최근 홍콩에서는 생후 18개월에 불과한 아이들을 대상으로 '보육원 입시'를 치러 화제가 됐다. 홍콩 최고 수준의 보육원에 들어가기 위해 말조차 제대로 하지 못하는 아이들이 입시 시험을 치르게 된 것이다.

세계적으로 조기교육의 열풍이 불어닥친 원인에는 여러 가지가 있겠지만 대표적으로 과학 기술의 발달을 꼽을 수 있다. 쉽게 말해 비교 대상이 늘어난 것이다. 지금 우리는 일곱 살짜리 내 아이와 동갑내기인 미국 아이, 영국 아이, 일본 아이가 무엇을 보고, 듣고, 먹고, 입는지 실시간으로 알 수 있는 사회를 살고 있다. 이런 사회적 분위기는 부모를 조급하게 만든다.

실제로 2000년 전후 영국에서 아이들의 조기교육이 증가하는 경향을 보였다. 당시 영국에서는 자신의 자녀를 옥스퍼드대학교(University of Oxford), 케임브리지대학교(University of Cambridge) 등 명문대를 보내기 위한 부모들의 보이지 않는 경쟁이 엄청 가열됐다. 이런 영향으로 당시 영국은 지금의 우리나라처럼 조기교육 관련 시장이 무섭게 성장했다. 그런데 이게 웬일인가! 그 아이들이 성인으로 성장한 2000년대 후반부터 조기교육의 부작용이 보고되기 시작했고, 유니세프에서는 영국을 '아이들의 인권이 가장 낮은 국가'로 선정하기에 이르렀다.

조기교육의 심각한 부작용을 눈으로 직접 확인한 영국이 주목한 것이 바로 놀이의 힘과 거기서 비롯된 가치였다. 전 세계 유수의 석학들이 입을 모아 말하는 놀이의 긍정적 효과를 인정하게 된 것이다. 이후 영국은 국가적 차원에서 놀이와 관련된 각종 정책을 쏟아내기 시작했다.

| 영국 케임브리지대학교 부설 놀이발달연구소의 전경

획일화된 교육은
아이를 상자 속의 벼룩으로 만든다

그 결과 오랜 역사와 전통을 자랑하는 케임브리지대학교에 전세계 최초 놀이연구소인 '영국 케임브리지대학교 부설 놀이발달연구소(Center for Research on Play in Education, Development and Learning)'가 들어서게 됐다. 현재 이 놀이발달연구소에서는 놀이의 가치를 증명하기 위한 다양한 연구가 진행 중이다.

놀이발달연구소의 데이비드 화이트브레드(David Whitebread) 소장은 놀이의 긍정적 효과에 대해 이렇게 말한다.

"인간이 이렇게 진화할 수 있었던 이유는 놀이에 대한 자유를 허용해줬기 때문입니다. 놀이는 인간의 성장과 다양한 발달에 있어 매우 중요한 역할을 합니다. 놀이의 긍정적 효과가 아이들에게만 국한되는 것도 아닙니다. 사실 놀이는 아동뿐 아니라 우리 모두의 정신 건강에 도움을 줍니다."

우리의 어린 시절이 어땠는지 한번 떠올려 보라. 친구들과 어울려 놀며 개인으로서 성장을 이뤄냈고, 더 나아가 사회적

신년특집기획
놀이의 힘 1부 놀이는 본능이다

데이비드 화이트브레드
영국 캠브리지대학교 부설 놀이발달연구소장

부모들이 이해 못하고 있는 게 있어요
성장 과정에서의 학습, 동기부여, 정서, 사회적 기술 등

| 영국 케임브리지대학교 부설 놀이발달연구소 데이비드 화이트브레드 소장

존재로서 필요한 능력을 키울 수도 있었다. 어린 시절 놀이를 통해 쌓은 지식과 경험은 성인이 된 이후에도 평생 갖고 가게 된다. 이것이 바로 놀이가 존재하지 않는 삶을 상상할 수 없는 이유다.

다시 한 번 말하지만 아이들에게 놀이는 단순한 시간 때우기가 아니다. 아이들은 놀이를 통해 어엿하고 올곧은 성인으로 성장해 나가는 발판을 마련하게 된다. 그러나 상당수 아이가 놀이에 많은 시간을 내지 못하고 있다. 영국은 물론 전 세계적으로 도시화가 빠르게 진행되고 있는 탓이다.

우리 아이들은 다듬어지지 않은 원석이자 수많은 가능성을 품은 잠재력의 응축이다. 그런 아이들이 '상자 속 벼룩'처럼 획일적인 교육의 굴레에 갇혀 지내고 있다는 사실이 새삼 서글프게 다가온다.

첫 단추를 잘못 꿴 옷을 제대로 입으려면 다시 단추를 채우는 방법밖에 없다. 교육도 마찬가지다. 아이들의 첫 교육이 잘못됐다면, 지금이라도 모든 것을 다시 시작해야 한다. 국가와 어른들이 적극적으로 나서서 아이들에게 놀이를 되찾아주지 않는다면 우리 후손은 놀이 자체를 잊어버릴지도 모른다.

진짜 놀이를 구성하기 위해서는 4가지 요소가 필요하다. 그것은 바로 '자발성' '주도성' '즐거움' '무(無) 목적성'이다. '무엇을 하겠다' '무엇을 얻겠다' '무엇을 배우겠다'라는 목적 없이 아이들 스스로 놀이를 주도하며 즐거운 시간을 보내는 게 진짜 놀이의 얼굴이다. 진짜 놀이와 가짜 놀이를 가늠하는 기준은 결국 아이들에게 있다. 쉽게 말해 아이들의 반응이 진짜와 가짜를 구분 짓는 기준점이 된다는 뜻이다.

chapter 2.

진짜 놀이 VS 가짜 놀이

핀란드 부모가
조기교육에 관심이 없는 이유

우리나라는 세계 어느 나라보다 '입시'를 중요하게 여긴다. 오죽하면 수능을 가리켜 '20년 세월을 모아 치르는 일생일대의 사생결단'이라고 말하겠는 사람이 있겠는가. 대학의 간판이 인생을 좌우한다는 다소 잘못된 (하지만 상당 부분 설득력이 있는) 인식이 우리 아이들을 조기교육으로 내몰고 있다.

숙명여자대학교 아동복지학부 정선아 교수는 "우리나라 부모들의 문제는 자녀교육을 너무 한 가지 방식으로 일관되게 밀고 나간다는 데 있다"라고 말한다. 많은 부모가 '주입식 교육 방식'을 맹신하는데, 교육과 학습에는 한 가지 방향만 존재하는 게 아니다. 특히 많은 부모가 환상을 가지고 있는 이중 언어에 대한 정 교수의 생각을 들어 보자.

"많은 부모가 빠른 언어 습득이 곧 지식 축적이라는 잘못된 인식을 갖고 있습니다. '우리 아이는 몇 살에 한글을 뗐네' '우리 아이는 벌써 영어를 시작했네' 등은 학부모들이 만나면 나누는 일상적 대화입니다. 하지만 아이들의 언어교육은 '학습적 측면'이 아닌 '소통적 측면'에서 접근해야 합니다. 단순히 언어를 터득하는 것이 목적이 되어선 안 된다는 뜻입니다.

무엇보다 중요한 점은 아이에게 '언어는 상대방과의 소통을 위한 도구'라는 사실을 인식시켜 주는 것입니다. 아이에게 학습적 측면만 강조한 조기교육을 강요하면 수많은 정신적 문제가 발생할 수 있다는 사실을 명심하기 바랍니다."

놀이의 중요성을 설명하면 대부분의 부모는 '놀이=학습의 연장'이라고 생각한다. '놀이=학습'은 부모들에게 나름 '효율적 교육법'으로 생각될 수 있다. 그러나 무엇이든 학습화해 아이들에게 습득과 숙달 과정을 반복하게 한다고 학습 효과가 나타날까? 전혀 그렇지 않다. 오히려 아이에게 여러 가지 정신적 문제가 발생할 확률만 높아진다.

호기심 덩어리인 아이들에게 언어 습득은 자연스러운 성장 과정의 하나다. 아이들의 주변을 가득 메우고 있는 문자와 온 종일 귓가를 맴도는 언어의 메아리는 호기심을 자극하는 가장 좋은 요소다. 자신이 먹는 과자 봉지에 쓰인 글자를 부모에게 물어 가며 언어를 익히는 과정을 통해 아이들의 언어력(문장의 길이)이 늘어나는 것이다. 여기서 중요한 것은 학습이 아니라 소통이다. 부모와 아이의 정서적 공감을 통해 아이의 생각을 읽고 호기심을 잃지 않도록 해주는 것이 중요하다.

조금은 느리게, 조금은 거칠게
핀란드, 놀이의 핵심을 관통하다

OECD(경제협력개발기구)가 주최하는 국제학생평가프로그램 (Program for International Student Assessment, 이하 PISA)에서 해마다 우리나라와 1위를 다투는 나라가 핀란드다. 참고로 PISA 는 OECD의 과제 가운데 하나로 15세 학생들의 기술과 지식의 정책지향적 국제 지표를 제공하기 위해 설립됐다. 평가는 읽기, 수학, 과학 세 가지 영역에 걸쳐 이루어진다. 그런데 알다시피 핀란드는 우리나라와 정반대로 '교육이 느린 나라'다.

핀란드의 수도 헬싱키(Helsinki)에 있는 빠이반게르하초등학교의 사례를 살펴보자.

이 초등학교에 갓 입학한 아이들이 앉아 있는 교실은 우리가 흔히 볼 수 있는 모습과 사뭇 다르다. 무슨 일인지 교실 안

| '다람쥐 놀이'로 생애 첫 학교 수업을 시작하는 빠이반게르하초등학교의 아이들

에는 책상, 의자, 칠판 등이 없다. 강당도 비슷하다. 교장선생님의 훈화 말씀을 들을 때 앉아야 할 의자 대신 여기저기 흩어져 있는 훌라후프와 콩이 든 자루가 보인다. 가벼운 복장으로 강당에 모인 아이들에게 곧이어 교사의 설명이 이어진다.

"지금 우리는 다람쥐 놀이를 하려고 해요. 이 훌라후프 안에 콩을 많이 넣는 팀이 이기는 게임입니다. 겨울이 다가올 때 다람쥐가 자신의 집(둥지)에 최대한 많은 음식을 저장해놓는 것을 떠올려 보세요. 자, 시작!"

교사의 시작 구령에 맞춰 아이들의 발걸음이 바빠진다. 아이들은 저마다 콩 주머니를 훌라후프 속에 던져 넣느라 정신없다. 잠시 후 게임 결과를 확인하기 위해 아이들이 교사 주변으로 모여든다. 게임은 그리 오래 걸리지 않았는데, 승패를 확인하는 과정이 꽤 번거롭다. 여기 모인 아이들이 아직 숫자를 모르기 때문이다. 아이들은 각자의 둥지에서 꺼내 온 콩 주머니의 짝을 맞춰 보고 나서야 게임의 결과를 알게 된다. 그렇게 빠이반게르하초등학교에서의 첫 수업은 땀에 흠뻑 젖은 아이들이 내는 낭랑한 웃음소리와 함께 마무리된다.

놀랍게도 핀란드 초등학교 입학생들의 첫 수업은 학습이 아닌 '놀이'였다. 몸을 움직여 땀을 흘리는 가운데 친구들과의 협동을 배우는 '다람쥐 놀이'가 아이들의 첫 수업이었던 것이다. 입학과 동시에 10년 이상 책상 앞에 앉아 오랜 시간을 보내야만 하는 우리나라의 아이들이 본다면 꽤나 부러워할 장면이다.

적절한 타이밍에 이루어지는 체험식 교육

물론 핀란드 초등학교에서도 책상에 앉아 교사의 설명을 듣는 '한국식 수업'이 진행된다. 그러나 수업의 내용과 구성은 큰 차이를 보인다. 핀란드에서 이른바 '책상 수업'은 반드시 몸을 움직이는 수업을 끝마치고 난 뒤에야 이루어진다.

실제로 빠이반게르하초등학교에서 수학 수업이 어떻게 진행되는지 살펴보자.

수학 수업에 사용하는 교구가 가득 찬 교실에는 주사위와 작은 나무 막대기 그리고 아이들이 직접 만든 각종 물건이 즐

| 초등학교에 입학해서야 비로소 숫자를 배우는 핀란드 아이들

비하게 늘어서 있다. 이 많은 교구는 오직 하나, 숫자를 배우는 데 사용된다.

핀란드에서 숫자를 배우는 데 이처럼 공을 들이는 이유는 아이들이 숫자 자체를 처음 접하기 때문이다. 그래서 교사들은 아이들에게 가장 정확하고 합리적인 방식으로 숫자를 가르치기 위해 현재와 같은 수업 방식을 선택했다.

이 초등학교의 수학 시간은 '수의 개념'을 이해하는 것에서 시작된다. 예를 들어 아라비아 숫자 '3'이라고 쓰인 쪽지 아래

3개의 블록을 늘어놓고 아이들에게 수에 대한 근본적 개념부터 가르치는 식이다.

교사의 설명을 들은 아이들은 쪽지에 쓰인 숫자 3에 해당하는 블록을 앞에 두고 교사에게 확인을 받는다. 교사는 블록 개수가 틀린 아이들의 답을 수정해주고, 다시 한 번 시도해보라고 격려한다. 숫자라는 개념을 깨우쳐 나가는 아이들의 모습이 사뭇 진지해 보인다.

블록 개수로 아라비아 숫자를 익히는 핀란드식 수학 수업은 우리나라에서는 매우 낯설고 신선한 방식이다. 유치원 입학 전에 숫자를 배우고 초등학생이 될 때쯤이면 덧셈, 뺄셈 등 사칙연산을 끝내놓아야 하는 게 대다수 학부모가 생각하는 '올바른 학습 진도'이기 때문이다.

핀란드 부모들은 조기교육에 무관심하다. 아이들에게 조기교육을 강요할 경우 오히려 부정적 영향을 불러올 수 있다는 사실을 그들은 알고 있다. 이것이 바로 핀란드 부모들이 '그저 빠르기만 한 교육'보다 '다소 느리지만 확실한 교육'을 선택한 이유다. 덕분에 핀란드는 '주입식'이 아니라 '체험식'을 우선시하는 현재의 시스템을 확립할 수 있었다.

놀이의 힘

이를 증명하듯 핀란드에서는 아이들이 초등학교에 들어가기 전까지 그 어떤 선행학습도 하지 않는다. 초등학교에 입학하기 전 숫자는 물론이고 알파벳까지 '당연히 알아야 하는 것'으로 생각하는 우리와는 딴판이다.

핀란드 교육은 느리지만 정확하고 적절한 타이밍에 이루어진다. 제 목도 가누지 못하던 아이가 뒤집기를 하고, 옹알이를 하던 아이가 '엄마' '아빠'라는 말을 하기까지 아이들은 엄청난 성장통을 겪는다. 핀란드에서는 학습 또한 이런 육체적 성장과 같은 과정을 거친다고 본다. 아이들의 올바른 성장은 신체적, 정신적, 환경적 요소가 균형과 조화를 이룰 때 비로소 가능해지는 것이다.

아이들이 배워야 할 것은
유치원이 아닌 바깥놀이에 있다

핀란드에는 매달 수백만 원의 수업료를 내야 하는 영어 유치원이나 특유의 멤버십을 자랑하는 '강남식 유치원'이 존재하지 않는다. 매일 아침 눈을 뜨면 유치원에 가기 싫다고 투정을 부리는 우리 아이들과 달리 핀란드 아이들은 등교 전날 밤 스스로 유치원에 갈 준비를 한다. 도대체 어떤 힘이 핀란드 아이들을 스스로 움직이게 만드는 것일까?

핀란드 헬싱키에 위치한 헤이스쿨유치원(Hey Schools preschool)의 사례를 살펴보자.

86

| 주제, 재료, 평가에서 자유로운 핀란드 유치원의 미술 시간

유치원은 안전한 놀이터가 돼야 한다

등원을 마친 예닐곱 명의 아이가 교실 한가운데 놓인 커다란 책상 주위에 삼삼오오 모여 앉아 있다. 책상 위에는 유치원 앞에서 주워 온 낙엽과 커다란 도화지가 놓여 있다. 잠시 후 교사가 두 손 가득 물감과 붓을 들고 교실로 들어온다.

교사는 아이들에게 각자 사용할 붓과 물감을 가져가라고 말한 뒤 교실 한쪽에 마련된 의자에 앉는다. 이쯤에서 우리는 궁금하지 않을 수 없다. 보통 미술 시간이라고 하면 교사가 공통의 주제를 내주고 아이들이 이를 수행하는 방법으로 수업이 진행되기 마련이다. 그런데 왜 이 유치원의 교사는 아무런 주제도 제시하지 않는 것일까? 낙엽을 그리든 풍경을 그리든 교사가 주도해야 아이들도 움직이지 않겠는가 말이다. 하지만 이곳은 핀란드다. 교사의 일방적인 관리나 감독이 존재하지 않는 핀란드의 유치원이다.

수업이 시작된 후 교사의 특별한 지시가 없어도 아이들은 자신이 좋아하는 색의 물감을 고른 뒤 물에 희석시키기 시작한다. 좋아하는 색깔이 다양한 것처럼 아이들이 선택한 재료역시 제각각이다. 어떤 아이는 커다랗고 하얀 도화지에 그림을 그리고, 어떤 아이는 낙엽을 빨갛게 색칠하는데 열심이다.

정해진 게 아무것도 없는 수업이라니! 주제도, 색깔도 모두 아이들 스스로 정해 자신들이 원하는 그림을 그릴 뿐이다. 물론 교사의 '평가'도 없다. 그렇다. 이것은 '미술 수업'이 아닌 아무런 제약이 없는 '놀이'였다.

핀란드 유치원의 하루는 '등원-아침식사-오전 소규모 놀이-오전 바깥놀이-점심식사-낮잠-오후 바깥놀이'로 이어진다. 우리나라 유치원에서 흔히 볼 수 있는 미술 시간, 음악

시간, 영어 애니메이션 보기 같은 '학습 시간'은 찾아볼 수 없다. 그저 온종일 마음껏 뛰어노는 것이 유치원 교과 과정의 전부다.

영하의 날씨도 막지 못하는 핀란드 유치원의 바깥놀이

핀란드에서 유치원은 부모의 편의를 위해 비용을 지불하고 이용하는 '안전한 놀이터'라는 이미지가 강하다. 교육을 위주로 하는 우리나라 유치원과는 이름만 같을 뿐 교육 내용 또한 전혀 다르다. 놀이가 전부인 핀란드 유치원이야말로 오랜 고민 끝에 그들이 내린 '아이들을 위한 최고의 교육 방식'인 셈이다.

헤이스쿨유치원 레타 가아사라이넨(Reta Gaasalainen) 원장은 유치원이 놀이터가 돼야 한다고 말한다.

"아이들이 유치원에 가기 싫어한다면 그곳은 존재할 이유가 없습니다. 유치원은 무엇보다 '아이들이 가고 싶은 공간'

| 헤이스쿨유치원 레타 가아사라이넨 원장

이 돼야 합니다. 물론 이런 이유만으로 핀란드 유치원의 교과 과정이 놀이 중심으로 채워진 것은 아닙니다. 아이들의 올바른 성장과 발달에 꼭 필요한 것이 놀이라고 생각하기 때문에 교과 과정도 그에 맞춘 것입니다.

아이들은 스스로 성장합니다. 우리는 아이들이 올바르게 성장하도록 그들이 가장 좋아하는 놀이를 그저 마음껏 즐기게 해주는 것뿐입니다."

다양한 놀이를 제공하는 핀란드 유치원에서 가장 중요하게 생각하는 놀이가 있는데, 바로 '바깥놀이'다. 아이들의 안전을 위협할 정도의 자연재해가 일어난 것이 아니라면 바깥놀이는 어김없이 진행된다. 아이들이 장난감 하나 없는 자연에서 스스로 탐색하고, 야외에 있는 사물을 이용해 새로운 놀이를 만들어내고, 친구들과 어울려 사회성을 키워 나가는 과정이 바로 바깥놀이를 하는 목적이기 때문이다. 그래서 핀란드 유치원에서는 영하 15도 이하로 떨어지지 않으면 무조건 아이들을 데리고 야외로 나간다.

레타 가아사라이넨 원장은 비 오는 날이야말로 바깥놀이를 즐기기에 더 없이 좋은 날씨이라고 말한다. 그도 그럴 것이 아이들은 비 오는 날이면 우비를 걸치고 밖으로 나가 물웅덩이에서 뛰어노느라 정신이 없다. 젖은 흙으로 댐이나 땅굴을 만드는 등 새로운 세상을 창조해내기에 바쁘다. 비가 올 때면 야외의 모든 것이 놀이가 되기에 아이들은 비 오는 날을 특히 좋아한다. 옷이 지저분해지고 감기에 걸리는 아이도 생기지만 옷은 빨면 그만이고 감기는 치료하면 그뿐이다.

그래서 핀란드 유치원에는 건조기와 장화가 필수품으로 준비돼 있다. 아이들이 비 오는 날 바깥놀이를 마치고 돌아오면

| 비 오는 궂은 날씨에도 바깥놀이를 즐기는 핀란드 유치원의 아이들

교사들은 곧바로 건조기에 옷을 말리고 장화를 가지런히 정리한다. 내일도 모레도 바깥놀이를 이어가야 하기 때문이다.

'배우기 위해 노는 것' vs '놀면서 배우는 것'

"놀이는 교육의 또 다른 이름이다." 핀란드 사람들이 가지고 있는 놀이에 대한 인식은 이 한마디로 정의된다. 핀란드 사람들은 아이들이 '배우기 위해 노는 것'이 아니라 '놀면서 배우는 것'이라고 생각한다. 아이들이 마음껏 놀 수 있는 환경이라면 그 과정에서 일어나는 교육의 형식은 그리 중요하지 않다고 여긴다. 교실 의자에 앉아 책의 내용을 외우는 것만이 교육은 아니라는 뜻이다.

레타 가아사라이넨 원장은 "핀란드 교육자들은 놀이의 중요성을 그 누구보다 잘 안다는 자부심을 갖고 있다. 놀이라는 것은 그 형태만 다를 뿐 아이들의 성장과 발전에 꼭 필요한 유아교육의 핵심이다"라고 말한다. 그리고 아이들이 놀이를 통해 가장 잘 배운다는 사실을 여러 연구가 입증해주고 있는데 무엇이 더 필요하겠느냐고 반문한다.

맞는 말이다. 놀이가 아이들에게 얼마나 중요한지 모르는 사람은 없다. 다만 학업 때문에 우선순위에서 밀릴 뿐이다. 그렇다면 우리 아이들에게 놀이를 최우선 순위로 만들어주기 위해 무엇을 해야 할까? 다음에서 이 질문에 대한 해답을 찾아보도록 하자.

모든 성취의 원동력, 동기부여

　핀란드 정부는 놀이를 중심으로 한 '핀란드식 교육'에 연속성을 부여하기 위해 관련 전문가 육성에 심혈을 기울이고 있다. 특히 고등 교육기관에서 체계적으로 놀이 전문가를 양성하기 위해 많은 투자와 지원을 아끼지 않는다.

　그중에서 우리의 눈길을 사로잡은 기관이 하나 있다. 헬싱키대학교의 부설 플레이풀러닝센터(Playful Learning Center)가 바로 그곳이다. 플레이풀러닝센터는 '놀이 전문가의 요람'으로 불릴 만큼 많은 놀이 전문가를 배출했다. 헬싱키대학교(University of Helsinki) 유아교육과 크리스티나 쿰풀라이넨 (Kristina Kumpulainen) 교수의 이야기를 들으면 플레이풀러닝 센터에 대한 핀란드 사람들의 자부심이 얼마나 대단한지 알 수 있다.

"플레이풀러닝센터는 놀이가 아이의 두뇌 개발과 학습에 얼마나 중요한지를 연구합니다. 그리고 이를 실제 교육 현장 에 적용할 수 있도록 미래의 교사들을 육성하고 있습니다. 우

| 헬싱키대학교 유아교육과 크리스티나 쿰풀라이넨 교수

리 센터의 핵심은 아이들이 가장 먼저 접하는 교육, 즉 놀이의 가치를 높이고 지속성을 부여하는 것입니다. 저희는 핀란드 유아교육의 산실이 바로 이곳이라는 자부심을 갖고 있죠."

🧩 놀이를 배우는 교사들

우리의 시선에서 보면 플레이풀러닝센터의 수업 방식은 매우 특이하다. 수업 시간 내내 학생들(예비 놀이 전문가)은 그저 창문 너머로 아이들의 노는 모습을 지켜본다. 그게 수업의 전부다. 아이들이 순수하게 노는 모습을 통해 놀이의 특성을 터득하도록 하기 위해서다.

'놀이를 배우는 교사'라니, 어떤 생각이 드는가? 물론 우리나라에서도 관련 전공 학생들이 놀이를 수업 과목으로 수강하는 경우가 있다. 그러나 핀란드는 아이들에게 놀이를 가르칠 예비 교사, 즉 학습자들에게 놀이 방법이 아닌 놀이의 본질을 깨닫게 하는 데 우선순위를 두고 있다.

여기서 또 한 가지 주목해야 하는 부분은 해당 수업을 듣는 학생 모두가 '예비 유아교육자'는 아니라는 사실이다. 이들

96

가운데는 초등학교나 중·고등학교 교사를 꿈꾸고 있는 사람도 많다. 예비 유아교육자가 아님에도 이런 수업을 받는 이유는 교육에 대한 인식 때문이다.

핀란드 놀이교육 전문가 얀나 캉아스(Jonna Kangas)의 이야기를 들어 보자.

"놀이는 핀란드 교사에게 가장 중요하고 기본적인 지식입니다. 유아교육자는 물론 초·중·고등학교 교사들 모두가 놀이라는 기초를 쌓고 나서야 자신이 원하는 공부를 할 수 있죠. 다른 나라의 교사들은 가르치는 것, 즉 '오늘 나는 아이들에게 무언가를 반드시 가르쳐야 한다'라는 명제에 충실하려는 경향이 있습니다. 그런데 교사가 학습에 집착하는 순간 정작 중요한 우리 아이들에 대해서는 잊어버리게 되죠.

그러므로 핀란드에서는 '배우기를 계획'합니다. 다시 말해 모든 학습에서 가장 중요한 요소를 '아이들에게 무엇을 가르칠까?'가 아니라 '아이들이 어떤 식으로 배우고 싶어 할까?'에 초점을 맞추고 있습니다. 학습의 주체를 교사가 아닌 아이들로 생각하는 것이야말로 핀란드 교육의 핵심이라고 말할 수 있습니다."

| 창문 너머로 아이들의 놀이를 지켜보고 있는 예비 놀이 전문가들

결국 핀란드의 교육 목적은 '스스로 배울 수 있는 힘을 키워주는 것'으로 압축된다. 핀란드 교육에서 유독 놀이를 강조하는 이유도 바로 이런 힘이 놀이에 있다고 믿기 때문이다.

배움과 지식을 이어주는 연결고리

즐거운 놀이에 빠져 있는 아이들을 떠올려 보라. 노느라 밥 먹는 시간이 지난 것도 모르고, 주위가 어두워진 것도 모르고 그것에 집중해 있다. 이처럼 놀이는 아이들의 호기심을 키우고 창의성을 발현시키며 몰입도를 높여준다. 그래서 아이들이 스스로 성장해 나갈 수 있는 힘을 키워주는 놀이의 가치는 아주 특별하다.

핀란드에서는 아이들이 스스로 경험해 보고 싶다는 생각이 들 수 있는 놀이 환경을 만드는 데 주력한다. 인위적인 환경에서 무늬뿐인 자유를 부여하는 게 아니라 아이들의 호기심을 자극하여 자발적으로 놀이에 집중할 수 있는 방식을 계발하기 위해 노력하고 있는 것이다.

놀이는 인생이라는 집을 짓는 데 재료가 되는 벽돌을 제공한다. 놀이라는 이름의 벽돌을 쌓아 미래라는 이름의 집을 만들어 나가는 과정에서 아이들은 스스로 삶의 균형을 잡고 다른 사람과 소통하고 교류하게 된다.

놀이는 '올바른 어른'으로 성장해 나가는 데 있어 가장 중요한 연결고리이자 배움과 지식을 이어주는 끈이다. 충분히 논 아이들은 무언가 배울 힘을 갖게 되고, 스스로 학습할 수 있는 능력을 키우게 된다. 이것이 '진짜 놀이'의 정의이자 아이들을 올바르게 성장하도록 만드는 가장 큰 밑거름이다.

진짜 놀이의
4가지 요소

이쯤에서 우리는 진짜 놀이가 무엇인지 알아둘 필요가 있다. 진짜 놀이를 구성하기 위해서는 기본적으로 4가지 요소가 필요하다. 그것은 바로 '자발성' '주도성' '즐거움' '무(無)목적성'이다. '무엇을 하겠다' '무엇을 얻겠다' '무엇을 배우겠다'라는 목적 없이 아이들 스스로 놀이를 주도하며 즐거운 시간을 보내는 게 진짜 놀이다.

진짜 놀이와 가짜 놀이를 가늠하는 기준은 결국 아이들에게 있다. 쉽게 말해 아이들의 반응이 진짜와 가짜를 구분 짓는 기준점이 된다는 뜻이다.

100

우리는 인천광역시에 있는 재능대학교 부속유치원에서 진행된 한 가지 실험을 통해 진짜 놀이가 무엇인지 확인할 수 있었다.

아이들에게 자유를 허하라

이 실험은 소속 유치원생들을 두 그룹으로 나눠 진행됐다. 두 그룹에게 각각 30분 동안 '특정 놀이'와 '자유놀이'를 즐기게

| '진짜 놀이'를 구성하는 4요소: 자발성, 주도성, 즐거움, 무목적성

한 뒤 아이들의 반응을 확인해 보기로 했다. 실험자들은 첫 번째 그룹의 아이들에게는 '블록놀이'를 할 것을 주문하고, 두 번째 그룹의 아이들에게는 무엇이든 자신들이 하고 싶은 놀이를 하도록 '자유'를 부여했다. 과연 어떤 실험 결과가 나왔을까?

먼저 30분 동안 블록놀이를 하도록 주문받은 첫 번째 그룹부터 살펴보자.

블록놀이는 남자아이들이 가장 즐겨 하는 놀이다. 블록놀이에 흥미가 없는 여자아이도 있었지만 아이들은 이내 교사의 지시에 따라 30분 동안 블록놀이를 진행했다.

30분이 지난 뒤 교사는 이 그룹의 아이들에게 "지금까지 하던 블록놀이를 계속해도 되고, 아니면 다른 놀이를 선택해도 돼요"라고 말하며 추가로 30분의 시간을 부여했다. 그러자 썰물 빠지듯 모든 아이가 블록놀이 영역을 벗어나 각자 다른 놀이를 즐기기 시작했다. 30분 동안 나름 재미있게 블록놀이를 즐기던 아이들의 모습이 거짓말같이 느껴질 정도였다. 아이들에게 있어 블록놀이는 '즐기는 대상'이 아닌 '선생님이 지시한 미션'에 불과했던 것이다.

102

이번에는 자유놀이를 하게 된 두 번째 그룹을 살펴보자. 교사는 두 번째 그룹의 아이들에게 '자유놀이'를 제안한 뒤 놀이의 종류와 방식 모두 아이들이 선택하도록 했다. 그리고 아이들끼리 놀이를 즐기도록 교실 밖으로 나왔다. 선생님이 교실을 나가자 신이 난 아이들은 역할놀이, 미술놀이, 블록놀이 등 각자 자신이 원하는 놀이를 하기 시작했다.

30분이 지난 뒤 교사는 첫 번째 그룹과 마찬가지로 아이들에게 "지금 하던 놀이를 계속해도 되고, 아니면 다른 놀이를 선택해도 돼요"라고 말하고 나서 추가로 30분의 시간을 부여했다. 결과는 놀라웠다. 첫 번째 그룹과 달리 두 번째 그룹의 아이들은 기존의 놀이를 그대로 이어 즐겼던 것이다. 과연 이런 차이가 생겨난 이유는 무엇일까?

재능대학교 유아교육과 김연희 교수는 이런 현상에 대해 "차이점은 단 하나, 바로 교사의 개입 유무"라고 말한다. 교사가 아이들에게 '지시'를 내렸느냐 아니면 '자유'를 부여했느냐의 차이가 완전히 다른 결과로 이어졌다는 이야기다.

이 실험은 우리에게 '아이들을 위한 진짜 놀이는 무엇인가?'라는 화두를 던져준다. 생각해 보면 성인 중에도 제대로 놀 줄 아는 사람이 드물다. 그래서 많은 성인이 적당한 취미가 없어서 고민한다. 오죽하면 취미를 찾아주는 사이트까지 생겼을까. 이런 영향 때문인지 대다수 부모가 '놀이'라는 이름만 붙여놓으면 그저 노는 것이라고 생각하는 경향이 있다. 문화센터에 다니고, 학습만화를 읽히고, 키즈 카페에 데리고 가는 것을 '놀게 해준다'고 생각한다.

진짜 놀이, 가짜 놀이

그러나 진짜 놀이는 자유로운 상황에서 아이들이 직접 놀이의 종류를 결정하고, 더 나아가 어떻게 놀 것인지 그 방법을 찾는 것이다. 아이들은 이 과정에서 싫고 좋은 것을 깨닫고 타인에 대한 배려와 양보를 배우는 상호작용을 기반으로 의사소통의 기술을 터득한다. 좋은 것을 차지하기 위해 다투거나 몸싸움을 벌이고 토라진 친구들을 화해시키기 위한 과정에서 새로운 관계 맺기 방법과 사회성을 기르기도 한다. 놀이가 제대로 그 힘을 발휘하려면 부모의 간섭이 최소화된 상황에서 아이들 스스로 동기부여를 받을 수 있는 환경이 필요하다.

진짜 놀이와 가짜 놀이는 그 전제부터 확실히 다르다. '아이들이 스스로 선택한 놀이'가 진짜 놀이고, '부모 또는 교사가 대신 선택해준 놀이'는 가짜 놀이다. 앞선 실험에서 우리는 교사가 놀이를 제한한 첫 번째 그룹은 30분이 지난 뒤 모두 다른 놀이를 선택한 반면, 자신들의 의지로 놀이를 선택한 두 번째 그룹은 30분 뒤에도 여전히 같은 놀이를 계속하는 것을 보았다. 진짜 놀이를 하는 아이들의 집중력이 그만큼 높았다는 뜻이다.

쉽게 생각해 보자. 첫 번째 그룹의 아이들이 블록놀이에 대한 흥미를 지속하지 못한 것은 그만큼 놀이에 집중하지 못했다는 반증이다. 반면 두 번째 그룹의 아이들은 엄청난 집중력으로 한 시간 가까이 자신들이 선택한 놀이를 즐기는 모습을 보여주었다. 아이들의 자발성과 주도성이 놀이의 가치를 결정한 셈이다.

김연희 교수는 이 실험에 대해 "두 그룹을 대상으로 한 이 실험의 결과 차이는 사실 시작부터 결정된 것이나 다름없었다"라고 말한다. 진짜 놀이를 결정하는 가장 중요한 요소가 바로 '아이들의 자발적 욕구'인데, 첫 번째 그룹의 아이들에게는 '제한을 둔 놀이'를 제공해 진짜 놀이의 가치가 상실됐

| 재능대학교 유아교육과 김연희 교수

다는 것이다. 실제로 첫 번째 그룹에 속한 아이들 가운데 평소 블록놀이를 좋아하는 아이가 몇 명 있었지만 교사의 지시에 따라 블록놀이를 할 때는 흥미를 느끼지 못하는 모습을 보였다. 어린 아이들이지만 그들 역시 주도적이고 자발적으로 놀이를 선택했느냐, 그렇지 않느냐에 큰 의미를 두고 있다는 의미다.

반면 놀이에 그 어떤 제한도 두지 않았던 두 번째 그룹의 아이들은 짧지 않은 시간 한 가지 놀이를 즐겼음에도 불구하고 계속 같은 놀이를 이어갔다. 놀이 자체에 대한 집중력 역

106

놀이의 힘

시 첫 번째 그룹보다 월등히 높았다.

김 교수는 이런 현상에 대해 "자신이 자발적으로 놀이를 주도한 두 번째 그룹의 아이들만 '진짜 놀이'를 즐겼고, 더 나아가 놀이가 주는 긍정적 효과를 누렸다"라고 설명한다.

직장인도 업무를 수행하는 데 있어 자신이 주도적으로 선택한 일에 대해서는 더 많은 애정과 노력을 쏟아 붓는다. 아이들의 놀이도 이와 다르지 않다. 아이들 역시 자신이 선택한 놀이를 주도적으로 즐길 때 더 많은 즐거움과 긍정적 효과를 얻게 된다. 아이들에게 진짜 놀이를 가르쳐주고 싶다면 부모의 걱정은 잠시 미뤄두고 뒤로 한 발짝 물러나 보는 것은 어떨까?

놀이의 주체는
'아이'다

진짜 놀이와 가짜 놀이에 대한 분명한 차이를 파악하기 위해서는 먼저 가정에서 이루어지는 놀이문화에 대해 알아볼 필요가 있다. 아이들이 어린이집이나 유치원 등에서 친구들과 보내는 시간보다 더 많은 시간을 부모와 함께 보내고 있기 때문이다.

우리는 일반 가정에서 이루어지는 놀이문화를 알아보기 위해 총 6쌍의 부모와 아이를 초대해 각자 30분간 주어진 공간에서 놀이를 즐기는 실험을 계획했다. 우리는 가족들을 각종 놀이 도구가 있는 특정 공간에서 머물도록 했을 뿐 별도의 제약은 두지 않았다. 자연스럽고 자유로운 상황에서 이루어지는 가족의 놀이 시간을 살펴보고 싶었기 때문이다.

‘놀이’라고 쓰고 ‘학습’이라고 읽는다

먼저 첫 번째 사례자인 A양(6세)과 그녀의 어머니를 살펴보자. A양은 우리가 흔히 말하는 소꿉놀이 중 ‘요리놀이’를 좋아한다. 놀이 공간에서 엄마와 마주앉은 A양은 평소처럼 요리놀이를 하고 싶다고 말했다. 그러나 어머니의 생각은 달랐던 모양이다. 어머니는 A양에게 블록놀이를 비롯해 색칠놀이, 다양한 도구를 사용하는 놀이를 계속해서 권유했다. 그럼에도 A양은 엄마의 요구에 응하지 않고 주어진 시간 내내 요리놀이에 집중하는 모습을 보였다.

놀이가 끝난 뒤 A양의 어머니는 인터뷰를 통해 “아이가 다양한 경험을 하길 바라는 마음에서 여러 가지 놀이를 제안했다”고 밝혔다.

두 번째 사례자인 B군(6세)과 그의 어머니를 살펴보자. B군과 놀이방에 들어온 어머니는 먼저 책을 집어 들었다. 그런데 B군은 독서를 권하는 엄마의 요구를 단호히 거절하고 각종 곡물이 든 그릇에 관심을 보였다. 사박사박 소리를 내는 그릇 속 곡물들을 만지작거리며 한창 자신만의 놀이에 빠져 있는 B군. 그런데 얼마 지나지 않아 B군의 맞은편에 자리 잡은 어머니가 이것저것 설명하기 시작했다. "이건 서리태야" "이건 우리가 며칠 전 먹었던 밥에 들어 있던 팥이야"라며 아이에게 사소한 지식이라도 전달하고자 노력했다. 시간이 얼마나 지났을까. 어머니의 일방적 지식 전달에 지친 B군은 곡물 놀이에 대한 흥미를 잃고 말았다.

세 번째 사례자인 C군(5세)과 그의 어머니를 살펴보자. 놀이방에 들어선 C군 역시 B군과 마찬가지로 곡물놀이를 선택했다. C군은 작은 그릇과 잔에 곡물을 열심히 옮겨 담으며 놀이에 빠져든 모습을 보였다. 그런데 곡물놀이에 열중하고 있는 C군에게 다가선 어머니의 표정이 자못 진지했다. 그녀는 조심스럽게 손에 쥐고 있던 공룡 모형을 아이에게 내밀면서 "이가 날카로운 게 육식동물이고, 목이 긴 것은 초식동물이야"라고 설명하기 시작했다. 결국 놀이 시간은 어느새 학습 시간이 되고 말았다.

위의 세 가지 사례를 보고 느껴지는 것이 있는가? (나머지 사례는 뒤에서 따로 다루도록 하겠다.) 평소 자신이 아이들과 놀아 주는 모습과 겹치는 부분이 있지는 않은가? 대부분의 부모가 영어 동영상 시청하기, 블록 쌓기, 그림 그리기는 물론이고 오랫동안 이어져 온 소꿉놀이조차 아이에게 지식을 전달하기 위한 매개체로 여긴다. "놀이라고 쓰고 학습이라고 읽는다"라는 표현처럼 놀이에서도 교육적 요소를 가미하고 싶어 한다.

우리는 앞선 실험에 등장한 어머니들에게 '그처럼 놀이를 진행하는 이유'에 대해 물었다. 첫 번째 사례자인 A양의 어머니는 이렇게 답했다.

"저는 여러 가지를 다 해야 되는 스타일인 데 반해 A는 한 가지 놀이에 집중하는 경향이 있습니다. 솔직히 저는 아이의 그런 성향이 싫습니다. 그래서 개인적으로 다양한 경험을 하길 바라는 마음에서 여러 가지 놀이를 권하고 있습니다."

두 번째 사례자인 B군의 어머니는 이런 대답을 내놓았다.

"사실 엄마와의 놀이를 아이가 즐거워하는지 잘 모르겠습니다. 아이가 선택한 놀이를 반대하지는 않지만, 그래도 그 안에서 무언가 배우는 과정이 포함되면 더 효율적이지 않을까 생각합니다."

세 번째 사례자인 C군의 어머니는 이렇게 말했다.

"모든 부모가 그렇듯 저 역시 아이와 공감하면서 재미있게 어울려 놀고 싶습니다. 하지만 아이와 저의 눈높이가 맞는지 확신이 서지 않아서 고민이 됩니다. 그래서 아이의 놀이를 긍정적인 방향으로 이끌어가기 위해 나름 공부하고 있습니다."

각기 다른 이유를 대고 있지만 세 어머니의 대답에는 분명 공통점이 있다. 바로 놀이를 어른의 시각으로 바라본다는 것이다. 그리고 놀이의 주체인 아이를 성인의 기준으로 성급하게 재단하고 있었다.

과연 놀이는 누구를 위해 존재하는가

이쯤에서 다시 한 번 근본적인 질문을 던져 보자.

"과연 놀이는 누구를 위해 존재하는가?"

이미 수많은 자극을 경험한 부모에게 아이와의 놀이는 사실상 지루함을 견뎌내야 하는 싸움이다. 특히 같은 말, 같은 행동의 반복에 재미를 느끼는 아이들을 바라보고 있는 게 말처럼 쉽지 않다. 그러다 보니 아이와 함께 놀고 있는 시간이 낭비처럼 느껴지고 학원에서 선행학습을 하고 있는 내 아이의 잠재적 경쟁상대가 떠오르기도 한다. 그래서 자신도 모르게 아이의 놀이에 학습적 요소를 추가하고자 하는 것이다.

수많은 전문가가 '가짜 놀이의 위험성'을 경고하는 것도 같은 맥락이다. 부모가 놀이라고 여기는 학습이라는 이름의 가짜 놀이가 끝나고 나면 우리 아이들은 어김없이 예정된 교육을 수행해야 하는 '과부하'에 시달린다. 아이는 놀이를 한 적이 없는데, 부모는 아이가 충분히 놀았다고 판단해 더 많은 학습을 강요한다.

이와 관련한 가톨릭대학교 심리학과 정윤경 교수의 말을 들어 보자.

"아이의 놀이를 자신의 뜻대로 이끌려는 부모들의 행동은 너무 위험합니다. 아이들은 새로운 자극을 접하면 자연스럽게 관심을 보이고 직접 체험해 보려는 시도를 합니다. 놀이를 통한 새로운 자극에서 배움을 이끌어내야 하는데, 부모들은

신년특집기획
놀이의 힘 2부 진짜 놀이 가짜 놀이

정윤경
가톨릭대학교 심리학과 교수

아이들은요, 새로운 자극을 보면
그럼 그냥 스스로 하게 돼있어요

| 가톨릭대학교 심리학과 정윤경 교수

아이의 놀이 방향을 미리 정해버리곤 합니다. 직설적으로 말하면 놀이가 아닌 학습을 시키고자 하는 거죠."

아이들은 놀이라는 행위를 통해 미지의 영역을 경험하며 성장해 간다. 따라서 다른 건 몰라도 놀이만큼은 아이들이 주체가 돼야 한다. 서툴고 옳은 방법이 아닐지라도 자신만의 방식으로 정답을 찾아가는 과정에서 아이들은 우리가 예상하지 못한 방법으로 성장해 나가기 때문이다.

114

놀이는 오롯이 놀이로써의 기능에 충실할 때 비로소 그 가치가 빛을 발한다. '학습'보다 더 많은 시간을 할애해야 하는 '놀이'의 비중을 부모의 기준에 맞춰 줄이는 것은 아이들의 올바른 성장에 결코 도움이 되지 않는다.

뿌리 깊은 나무는 어지간한 바람에 흔들리지 않지만, 기초가 튼튼하지 못한 콘크리트 구조물은 아주 작은 외부 충격에도 무너지고 만다. 우리 아이들의 뇌가 튼튼한 초석(전두엽)을 다질 수 있도록 부모가 주도하는 가짜 놀이를 지금 당장 멈춰야만 한다.

학습이 이뤄지는
이상한 놀이 시간

자신의 아이가 잘못된 길로 가기를 바라는 부모는 없다. 부모라면 누구나 나름의 방식과 기준으로 육아와 교육에 최선을 다하고 있을 것이다. 문제는 방법이다. "약은 약사에게 진료는 의사에게"라는 광고 카피처럼 제대로 된 방법을 찾고 싶다면 오랜 시간 아이들의 교육을 연구해 온 전문가들의 의견에 귀 기울일 필요가 있다. 맹목적으로 전문가들의 조언을 따르라는 뜻이 아니다. 다만 앞서 제시한 사례처럼 현재 자신의 육아와 교육 방식에 문제가 없는지, 지금 아이와 '진짜 놀이'를 하고 있는지 한 번쯤 '객관적 평가'

를 받아 봐야 한다는 이야기다.

명지대학교 아동심리치료학과 선우현 교수는 대다수 부모가 자녀에 대한 '잘못된 편견'을 가지고 있기 때문에 객관적 평가가 필요하다고 말한다. 부모들은 어린 시절 아이에게 인지적 촉진, 즉 조기교육과 사교육 등 '학습'을 많이 해주면 자녀의 지적 능력이 발달한다는 '착각'에 빠져 있다.

다시 말해 부모들은 인지적 촉진을 높여주면 아이들의 지적 능력, 우리가 흔히 말하는 아이큐(IQ)가 높아진다고 생각하는데 큰 착각이 아닐 수 없다. 우리가 흔히 말하는 지적 능력은 단순한 학습이 아닌 문제해결 능력을 가리키기 때문이다.

선우현 교수는 자녀의 지적 능력을 키우기 위해서는 무엇보다 인지적 부분의 기초공사를 튼튼히 할 필요가 있다고 조언한다. 아이들이 학습을 통해 습득한 '이론'을 놀이라는 '실전'에서 사용하게 되면 자신도 모르게 문제해결 능력이 좋아진다는 이야기다.

문제는 자연스럽게 이어져야 하는 인지적 촉진과 놀이의 인과관계가 부모의 개입으로 중구난방이 돼버리는 데 있다. 분명 아이에게 '놀이 시간'을 줬는데 이상하게 '학습'만 이뤄지는 경우가 많다. 부모가 정한 방식으로 이뤄지는 놀이는 이미 아이들에게 놀이가 아닌 것이다.

아이와 어떻게 놀아야 하나요

아이들의 몸속에는 끊임없이 체력을 생산해 내는 신체기관이 있는 듯하다. 주말이면 쉬지 않고 질문을 쏟아내는 것도 모자라 온종일 집 구석구석을 휩쓸고 다닌다. 행여 나들이라도 나가면 한시도 눈을 떼지 못할 만큼 사방팔방을 뛰어다니기 일쑤다. 처음에 성심성의껏 아이의 장단에 맞춰주던 부모가 지치기까지는 그리 오랜 시간이 걸리지 않는다. 그러나 이런 '물리적 어려움'은 얼마든지 극복할 수 있다. 정작 중요한 문제는 부모조차 '진짜 놀이'가 무엇인지 알지 못한다는 데 있다.

앞서 제작진은 6쌍의 부모와 아이를 초대해 놀이를 즐기는 실험을 진행했다. 그중 아이와 노는 시간을 '고역'이라고 표현한 네 번째 사례자를 만나 보자.

놀이 공간에서 엄마와 마주 앉은 D양(6세)은 호기심이 왕성했다. 주변의 사물을 보며 엄마에게 끊임없이 질문하고, 자신이 하는 놀이에 부모가 적극적으로 동참하길 원했다. 하지만 아이와 노는 방법을 모르는 D양의 어머니는 이 시간이 불편하고 어렵기만 했다. 놀이에 집중하지 못하는 엄마를 보며 D양도 덩달아 놀이에 흥미를 잃었다. 여러 놀잇감을 번갈아 가며 만지작거리던 두 사람은 30분의 실험 시간이 끝나자마자 도망치듯 놀이방을 빠져나갔다.

D양의 어머니는 스스로를 '아이와 못 놀아주는 엄마'라고 고백했다.

"저는 아이와 놀아주지 못하는 엄마입니다. 아이가 '엄마, 나랑 놀자'라고 말하면 눈앞이 캄캄하고 머릿속이 하얗게 될 정도예요. 아이와 어떻게 놀아야 하는지 방법을 모르겠어요. 제가 아이와의 놀이에 집중하지 못하다 보니 아이 역시 금세 흥미를 잃어버리고 맙니다.

단단히 마음먹고 아이와 놀아 봤지만 상황은 별반 달라지지 않더군요. 아이와 잘 놀아주지 못하는 엄마라서 아이에게 미안하다는 생각이 들어요."

대부분의 부모가 이와 비슷한 생각을 하지 않을까 싶다. 한 가지 일에 오랜 시간 집중하기 어려운 대다수 성인과 달리 아이들은 관심 분야에 대해 엄청난 집중력을 보인다. 아무리 부모라고 할지라도 자신이 재미를 느끼지 못하는 일에 시간과 에너지를 쏟아 붓기는 어렵다. 아이의 놀이에 부모의 개입이 생길 수밖에 없는 이유다.

놀이는 결국 부모가 아닌 아이가 하는 것

더 나은 미래를 자녀에게 물려주고자 어려운 현실을 꿋꿋이 버텨 나가는 부모들에게 살림과 육아는 무거운 짐일 수도 있다. 그럼에도 부모들은 육아에 많은 시간과 에너지, 돈을 투자한다. 아이들의 성장에 도움이 된다면 경제적 문제, 물리적 거리, 복잡한 과정쯤은 얼마든지 감수해야 한다고 여긴다. 그러나 정작 아이의 성장에 있어 가장 중요한 '진짜 놀이'의 실체를 파악하는 데는 소홀한 경향이 있다. 좀 더 직설적으로 말하면 놀이의 가치 자체를 무시한다.

물론 진짜 놀이의 중요성을 알고 있는 부모도 있다. 앞서 언급했던 6쌍의 실험군 가운데 다섯, 여섯 번째 사례자가 바로 그랬다.

다섯 번째 사례자인 E양(5세)과 그 어머니가 노는 모습을 살펴보자.

E양은 놀이방에 들어오자마자 블록 장난감에 관심을 보이더니 "엄마, 나 이걸로 성 만들고 싶어"라고 말했다. 어머니는 흔쾌히 아이의 놀이에 동참해주었다. E양이 블록으로 문을 만들고 지붕을 쌓는 동안 어머니는 아이의 말과 행동에 장단을 맞춰주고 종종 간단한 질문을 던지며 아이의 상상력을 자극시켜 주었다. 아이가 자신의 키를 훌쩍 넘는 높은 곳에 마지막 블록을 올려놓으려고 할 때는 그 성과를 칭찬하고 응원해주었다. 놀이의 선택권도, 놀이의 주도권도 모두 아이가 쥐고 있었다.

E양의 어머니는 놀이를 마친 뒤 이렇게 말했다.

"아이들은 나무 묘목과 같다는 생각이 들어요. 부모의 응원이라는 물과 칭찬이라는 햇살이 더해지면 하루하루 몰라볼 만큼 성장합니다. 저는 놀이 시간에 끊임없이 아이를 칭찬하

고 응원합니다. 블록 하나만 쌓아도 박수를 치며 '대단한데!'
라고 말해주죠. 그러면 아이는 신이 나서 더욱 놀이에 집중합
니다. 혼자 힘으로는 도저히 안 되는 것은 저에게 도움을 요
청하기도 하고요. 저는 놀이를 통해 아이의 자존감과 자신감
을 높이고 둘만의 유대감을 쌓으려 노력하고 있습니다. 놀이
자체가 좀 재미없으면 어떻습니까? 내 아이가 즐거워하며 환
하게 웃는 것만으로도 충분합니다."

여섯 번째 사례자인 F양(6세)과 그 어머니를 살펴보자.

F양이 입장한 놀이방에는 장난감 외에도 양배추 그리고 다
소 위험한 도구인 톱과 망치 등 여러 가지 물건이 흩어져 있
었다. 수많은 놀잇감 가운데서 F양이 선택한 것은 평소 그리
즐겨 먹지 않던 양배추였다. 선호도와 별개로 동글동글하게
생긴 양배추가 퍽 귀엽게 느껴진 듯했다. 양배추를 이리저리
굴리며 놀던 F양은 대뜸 옆에 있던 망치와 못을 집어 들더니
곧바로 양배추에 못을 박아 사람 얼굴을 만들기 시작했다. 놀
이가 확장된 것이다. F양의 어머니는 아이가 망치와 못 같은
공구를 사용하는데도 전혀 제재를 가하지 않았다. 혹시 모를
사고에 대비해 아이의 행동을 지켜볼 뿐이었다.

진짜 놀이를 허락한 F양의 어머니는 놀이에서 아이의 역할에 대해 이렇게 말했다.

"저는 대부분의 엄마가 일반적으로 '안 돼'라고 하는 것들, 예를 들어 날카로운 도구를 만지거나 흙을 만지는 것 등 아이의 일거수일투족에 제약을 두지 않는 편입니다. 칼이나 톱 같은 위험한 도구를 갖고 놀아도 아이가 안전하고 조심하게 사용하는지 옆에서 지켜볼 뿐입니다. 물론 실질적 위해가 가해질 것 같으면 적극적으로 말리죠.

사실 성인인 제 입장에서 양배추에 못을 박으며 즐거워하는 아이의 모습이 '이성적으로' 이해되는 건 아닙니다. 하지만 아이가 순수하게 즐거워하는 모습을 보면 아이가 원하는 대로 놀게 해주는 게 최고라는 생각이 들어요."

아이의 성장을 방해하는 잘못된 놀이

먼저 언급한 사례들과 바로 앞서 살펴본 두 사례의 결정적 차이는 무엇일까? 바로 '부모의 개입 유무'다. E양과 F양 두 아이의 부모는 놀이 시간 내내 '놀이를 함께 즐기는 동료'로서 아이와 눈높이를 맞춰주었다. 놀이의 시작부터 끝까지 부모는 최소한의 역할만 수행한 것이다. 부모의 응원과 지지에 힘을 얻은 아이들은 놀이 시간 내내 즐거워하며 자신만의 세계에 빠져들었다. 자신의 키보다 높게 블록을 쌓은 E양과 망치로 양배추에 못을 박는 데 성공한 F양은 부모로부터 응원과 축하의 메시지를 받았고, 덕분에 새로운 도전에 대한 두려움을 없앨 수 있었다.

많은 전문가가 '놀이의 무목적성'을 강조하는 것 역시 같은 맥락이다. 아이들의 놀이에는 그 어떤 목적도 없어야 한다. 부모가 개입해 놀이의 가치를 훼손해서는 안 된다. 부모는 '아이와 노는 것'이라고 주장하지만 이런 '가짜 놀이'는 오히려 아이의 성장과 발달에 부정적 영향을 줄 뿐이다. 그동안 대다수 부모가 자행해 온 '가짜 놀이'에서 한시라도 빨리 벗어남과 동시에 '진짜 놀이'가 무엇인지 귀를 기울여야 하는 이유다.

때로는 부모의 무관심이
더 좋은 교육이 된다

다자녀를 둔 가정의 경우, 첫째 아이를 통해 경험한 육아의 문제점 또는 미흡점을 보완할 수 있다. 그런데 외자녀를 둔 부모는 상황이 다르다. 그래서 어느 누군가는 그 부모들에게 '진짜 놀이'를 가르쳐야 한다고 말한다.

가톨릭대학교 심리학과 정윤경 교수는 진짜 놀이를 하고 싶으면 "그냥 아이가 가는 대로 따라가주면 된다"라고 말한다. 이 말은 아이들이 하고 싶은 대로 할 수 있는 자율성을 부여하고 부모의 개입을 최소한으로 줄이는 게 중요하다는 뜻이다. 단, 아이가 사회적 법규에 반하는 행동을 하거나 명백한 위험에 노출될 때는 부모가 적극적으로 개입해야 한다.

정 교수는 아이와 잘 놀아주는 부모가 되고 싶다면 먼저 아이와 눈높이를 맞추는 부모가 되라고 조언한다. 아이와 같은 눈높이에서 놀이를 바라보고 함께 즐거워하면 된다는 것이다. 아이가 놀이를 통해 긍정적 결과를 도출해냈을 때는 "잘했어"라는 말로 칭찬하고 응원해주는 피드백도 중요하다. 아이는 이런 부모의 반응에서 자신감을 얻고 더 과감한 도전을 시도할 수 있기 때문이다. 지속적인 성취를 통해 성취감을 높이고 실패에 대한 두려움을 떨쳐내는 것, 이것이 바로 놀이 본연의 가치와 맞닿는 지점이다.

어른들은 모르는 아이들만의 '작은 사회'

정 교수는 부모들에게 '놀이 = 학습의 연장'이라는 생각을 버리라고 말한다. 아이가 하고 싶은 놀이를 마음껏 할 수 있도록 해주는 게 진짜 놀이의 핵심이라는 이야기다.

놀이는 아이들에게 최고의 교사다. 아이들은 놀이라는 과정을 통해 다양한 도전을 안전하게 시도할 수 있다. 그 과정에서 아이들은 성공에 대한 성취감을 느끼고 실패에 대한 두려움을 극복해 나가게 된다. 놀이야말로 아이들의 미래 경쟁력을 높여주는 최초이자 최고의 교육인 셈이다.

놀이 진행에 대한 의견을 주고받는 과정을 통해 아이들의 세계에서는 경청과 고민, 수용과 반박 등의 반응이 교차된다. 이 과정에서 아이들은 종종 언쟁을 벌이거나 치열한 토론을 통해 놀이의 방향을 정한다. 상대방을 위해 자신의 의견을 양보하거나 대안을 제시하는 등 어른들의 사회와 같은 시스템을 보여준다. 정윤경 교수는 이에 대해 "놀이를 통해 일반적인 사회 시스템을 간접 체험함으로써 유기적인 사회성을 고양시킬 수 있다"고 말한다. 어른들의 입장에서야 "그래 봤자 놀이인데, 도대체 왜 저렇게 진지한 거지?"라고 반문할 수도 있지만 아이들의 세계에서는 그들만의 작은 사회가 만들어지는 것이다.

그런데 부모의 개입이 일어나는 순간 작은 사회는 붕괴되고 진짜 놀이의 가치도 훼손된다. 부모가 사회성의 초석을 다질 수 있는 아이의 소중한 기회를 빼앗을 뿐 아니라 미래 경쟁력을 약화시키는 악순환을 반복하는 것이다. 진짜 놀이야말로 부모가 아이에게 긍정적 미래를 선물할 수 있는 가장 좋은 교육이자 최선이라는 사실을 알아야 한다.

아이들에게 필요한 건 어쩌면 무관심

그러나 우리의 현실은 어떠한가? "회식도 업무의 연장선이다"라는 케케묵은 상사의 억지처럼 여전히 "놀이도 교육의 일부다"라고 여기는 부모가 너무 많다. 아직 자신의 의사를 강하게 말할 수 없는 아이들의 입장에서 부모의 요구를 거절한다는 것은 물리적으로든 심리적으로든 어려운 일이다.

초등학교 저학년을 인터뷰하면 대부분의 아이가 "학원을 여러 개 다니고 있지만 내가 원해서 다니는 학원은 없다. 친구들과 노는 게 재미있는데 학원과 학교 숙제 때문에 친구들과 놀 시간이 부족하다"고 하소연한다.

이 아이들이 지금 하고 싶은 것은 그리 거창한 일이 아니다. 학교 수업이 끝나면 학원이 아니라 친구들과 운동장이나 놀이터에서 신나게 뛰어놀고, 떡볶이 가게에 마주 앉아 '까르르' 웃으며 수다 떠는 것이다. 이 작은 소망도 이루기 어려운 우리의 현실이 그저 안타까울 뿐이다.

선행학습을 하지 않으면 중·고등학교 수업을 따라가기 어렵다고 항변하는 부모들에게 묻고 싶다. 그들의 어린 시절은 어땠는지, 집으로 배달되어 오는 학습지를 풀고 숙제를 끝낸 뒤 부모에게 검사를 받던 시간이 행복했는지 말이다. 보이지 않는 압박감에 종종 숨이 막히고 이유 모를 부모의 꾸중에 한없이 풀이 죽지는 않았던가?

지금 아이들에게 필요한 것은 부모의 '꾸준한 관심'이 아닌 '꾸준한 무관심'일지도 모른다. 한번 흘러간 시간은 결코 되돌릴 수 없다. 우리가 아이들의 소중한 시간을 빼앗고 있는 건 아닌지, 부모들의 심각한 고민과 성찰이 필요한 요즘이다.

독일의 부모들은 놀이를 마친 아이들이 먼지와 땀 범벅된 채 집으로 향하는 걸 흔쾌히 받아들인다. 손가락 끝에 흙이 묻으면 "지지"라고 쓴웃음을 지으며 물티슈로 아이의 손을 닦기 바쁜 우리와는 완전히 다른 모습이다. 흙투성이가 된 아이들을 걱정스럽게 바라보는 우리에게 독일의 부모들은 묻는다. "아이들이 재미있어 하는데 도대체 무엇이 문제인가?"라고 말이다.

chapter 3.

놀이로부터
시작된 혁명

아이들이 재미있어 하는데
도대체 무엇이 문제인가

"이 도시의 심장은 어린이를 위해 뛴다."

독일 남서부 바덴뷔르템베르크(Baden Württemberg) 주에 위치한 인구 20만 명의 작은 도시 프라이부르크(Freiburg)의 슬로건이다. 세계적인 녹색도시로 손꼽히는 프라이부르크는 '아이들을 위한 천국' 또는 '아이들의 도시'라는 이름으로도 불린다. 도시의 모든 시스템이 아이들을 위해 돌아가는 이곳은 독일의 미래를 이끌어갈 인재 육성의 요람이다.

프라이부르크를 예로 들지 않더라도 독일은 전 세계에서 놀

| '아이들의 도시'로 불리는 프라이부르크의 전경

이의 핵심을 가장 잘 이해하는 나라로 인정받고 있다. 어린이
와 아이들을 중심으로 돌아가기에 우리가 그토록 궁금해하는
진짜 놀이가 무엇인지 눈으로 확인할 수 있는 곳이기도 하다.

모래와 물만으로도 충분히 행복한 독일의 아이들

독일의 한적한 주택가 한가운데 널찍한 모래 공터가 자리 잡
고 있다. 쌓여 있는 모래, 물이 나오는 수도꼭지가 전부인 이

곳을 독일인들은 놀이터라고 부른다. 화창한 날이면 몰려나온 아이들로 놀이터는 북적인다. 아이들은 맨발로 놀이터 곳곳을 누비며 모래를 쌓고 다지는 데 집중한다. 머리부터 발끝까지 흙투성이가 되지만 부모와 아이 모두 아랑곳하지 않는다. 핀란드 유치원에서 본 바깥놀이의 풍경과 비슷하다.

우리가 이곳에 도착했을 때 놀이터에 모인 아이들은 흐르는 물을 차단할 수 있는 '댐' 만들기에 열중해 있었다. '댐 건설'이라는 공동의 목표 달성을 위해 놀이에 참여한 아이들은 종종 언성을 높여 가며 자신의 의견을 말하고, 또 다른 아이가 이에 반박하는 과정을 거치면서 가장 좋은 방법을 찾기 위해 애쓰고 있었다.

아이들이 만들어내는 듣기 좋은 소란으로 가득 찬 놀이터 한쪽 구석을 보니 함께 나들이 나온 부모들이 모여 수다삼매경에 빠져 있었다. 혹시 아이가 위험한 상황에 처해 있는 것은 아닌지 눈길만 줄 뿐 아이들이 모래투성이가 되어도, 친구끼리 말싸움이 벌어지거나 목소리 톤이 다소 높아져도 어른들은 어떤 개입도 하지 않았다.

그 어떤 상황에서도 아이들만의 독립성이 보장되는 공간과 시간, 이것이 바로 '진짜 놀이'의 본모습이다.

사실 독일의 놀이터에는 특별한 것이 없다. 모래와 물이 전부다. 총천연색으로 칠해진 시소, 그네, 철봉 등 다양한 놀이기구가 즐비하고 폭신한 고무바닥이 깔린 우리나라의 놀이터와는 전혀 다른 모습이다. 국가 예산이 부족해 모래와 물뿐인 단순한 놀이터를 만들지는 않았을 터인데, '아이들을 위해 심장이 뛰는 도시'에서는 과연 어떤 일이 벌어지고 있는 것일까?

| 모래와 물이 전부인 독일의 놀이터

우리가 그토록 찾아 헤매던 그것

사실 독일에서는 모래 없는 놀이터를 생각할 수조차 없다. 모래는 아이들 스스로 무언가를 만들어내는 가장 중요한 재료이기 때문이다. 풍족한 모래와 졸졸 흐르는 물, 물이나 모래를 담을 수 있는 통과 삽 등 간단한 몇 가지 도구만 있으면 아이들은 온종일 놀이에 집중할 수 있다. 이 놀이터에서는 형태 없는 모래가 아이들의 손길에 따라 전혀 다른 무언가로 끊임없이 재탄생된다. 물을 막는 댐부터 어설프지만 제법 형태를 갖춘 성곽, 물길을 가로지르는 다리까지…. 우리는 그곳에서 모래의 무한한 변신만큼이나 다양한 아이들의 가능성을 확인할 수 있었다.

이곳의 부모들은 물과 모래만으로 채워진 놀이터야말로 놀이의 본질을 가장 잘 충족시켜 주는 공간임을 알고 있다. 어린 시절 자신들도 똑같은 경험을 했기 때문이다. 이곳에서 만난 한 학부모는 "모래와 물만으로 충분히 즐거워하는 아이들의 모습을 보는 것만큼 행복한 일이 어디 있겠는가?"라고 반문한다. 아이들의 놀이에 어떤 의미를 부여하는 순간 그 가치가 퇴색되고 만다는 것이다.

독일의 부모들은 놀이를 마친 아이들이 먼지와 땀 범벅이 된 채 집으로 향하는 걸 흔쾌히 받아들인다. 손가락 끝에 흙이 묻으면 "지지!"라고 쓴웃음을 지으며 물티슈로 아이의 손을 닦기 바쁜 우리나라 부모와는 완전히 다른 모습이다. 흙투성이가 된 아이들을 걱정스럽게 바라보는 우리에게 독일의 부모들은 묻는다. "아이들이 재미있어 하는데 도대체 무엇이 문제인가?"라고 말이다.

이들은 안전과 위생 등의 문제로 아이들의 놀이를 통제하는 것보다 자유롭게 놀 수 있는 환경을 제공해주는 게 부모의 올바른 역할이라고 생각한다. 사실 이들은 아이의 놀이에 있어 부모의 역할이 지극히 한정적이라는 사실을 알고 있다. 아이를 억지로 진흙 밭으로 내몰 필요는 없지만, 아이가 물웅덩이에서 뒹굴기를 원한다면 기꺼이 허락하는 게 부모의 역할이라는 이야기다.

물론 독일과 우리나라는 사회적 분위기나 제도 등 여러 가지 측면에서 차이가 있다. 직장과 살림, 육아까지 1인 3역을 수행하는 우리나라 부모들의 물리적 힘겨움이 얼마나 큰지 이해하지 못하는 것은 아니다. 동영상 중독에 대한 우려를 익히 알면서도 집안 청소를 위해 아이의 손에 스마트폰을 쥐어주는 부모의 심정은 오죽하겠는가.

그럼에도 '내 아이를 위해 더 좋은 무언가를 해주기 위해 고민하는 부모'라면 독일의 놀이문화에 주목할 필요가 있다. 부모가 무언가를 더할 필요 없이 '아이들을 그저 내버려두는 것만으로도 충분한' 그곳에 우리가 그토록 찾아 헤매던 답이 있을지도 모른다.

독일의 놀이터에는
뭔가 특별한 것이 있다

독일 프라이부르크 시는 '아이들을 위한 도시' 외에 '놀이의 성지'라는 또 다른 별칭을 갖고 있다. 각자의 개성을 뽐내는 다양한 놀이터가 주민들의 일상 가운데 자리 잡은 까닭이다. 이를 증명하듯 프라이부르크 시 내에는 150여 개에 달하는 놀이터가 있다. 100미터당 한 곳의 놀이터가 있는 셈이다. 그런데 150여 개의 놀이터 가운데 형태나 구조가 같은 곳은 단 한 군데도 없다.

앞서 언급한 '모래와 물로 이루어진 놀이터'를 비롯해 나무

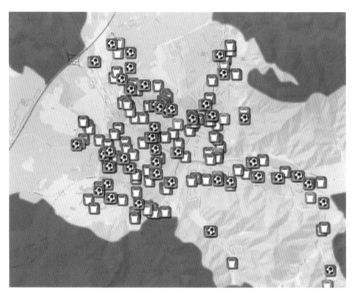

| 100미터 간격으로 하나씩 존재하는 프라이부르크의 놀이터

구조물이 얼기설기 뒤섞인 놀이터, 리조트의 워터 슬라이드가 떠오를 만큼 긴 미끄럼틀이 있는 놀이터, 여러 사람이 힘을 합쳐야 즐길 수 있는 대형 그네가 세워진 놀이터 등 저마다 독특한 개성을 자랑하는 놀이터가 즐비하다. 덕분에 프라이부르크의 아이들은 언제든 자신만의 놀이를 즐길 수 있다. 집 앞 놀이터가 북적거리면 집 근처에 있는 다른 놀이터로 가면 된다.

프라이부르크 시에서 교육을 총괄하고 있는 교육청장 베어나 나겔(Werner Nagel)의 이야기를 들어 보자.

"아이들은 장난감이 갖고 있는 '정해진 기능'에 따라 놀 수밖에 없죠. 하지만 바깥놀이에 나설 때는 '아이들 스스로 생각해야' 합니다. 자신이 직접 놀이를 만들어 나가야 하기 때문이죠. 그리고 아이들은 자신들이 주도하는 놀이를 통해 사회성을 키워 나가게 됩니다."

| 프라이부르크 시 교육청장 베어나 나겔

🧩 놀이터 재건 프로젝트

놀이가 도시의 상징으로 자리매김한 프라이부르크 시의 현재 모습은 시정부가 이른바 '놀이터 재건 프로젝트'를 적극적으로 지지한 결과다. 놀이터 재건 프로젝트의 목적을 한 마디로 말하자면 '마당을 아이들이 마음껏 뛰놀 수 있는 공간으로 만드는 것'이다.

프라이부르크 시 놀이터 설계사 밧세바 구트만(Bathseba Gutmann)은 이 프로젝트에 대해 다음과 같이 설명한다.

"놀이터 프로젝트를 맡고 나서 우리는 기존의 놀이터들을 먼저 살펴봤습니다. 나무의 위치, 놀이터를 가로지르는 자전거 길, 사람들이 오가는 보행로 등 모든 사항을 포함해 공간 전체를 살펴봤죠. 기존 놀이터의 현황을 정확히 분석해 부족한 점을 채우는 한편 새로운 시설이나 놀이기구가 필요하면 시에 적극적으로 요청하기도 했습니다. 쉽게 말해 '하드웨어적 보완'이 이뤄진 셈이죠."

이 프로젝트 진행에 있어 프라이부르크 시가 가장 중요하게 생각한 부분은 바로 '주민', 더 정확히 말하면 '아이들'이었다. 놀이터의 주요 이용객인 아이들에게 공간에 대한 주인의식을 심어주고 싶었던 것이다. 그래서 놀이터를 직접 이용하는 아이들과 부모들의 의견을 적극 반영하여 그들이 원하는 놀이터를 만들기로 결정했다.

이 결정을 내린 뒤 얼마 지나지 않아 시 당국은 주민들을 대상으로 '놀이터 재건 프로젝트 설명회를 개최한다'는 공고문을 동네 곳곳에 붙였다. 해당 프로젝트의 기획 의도와 가치를 주민들과 공유하는 한편 놀이터를 직접 사용하는 부모와 아이들의 의견을 가감 없이 수렴하기 위해서였다.

설명회 결과 프라이부르크 시는 놀이에 대한 주민들의 갈증이 예상보다 훨씬 크다는 사실을 알게 됐다. 각 지역별로 진행된 놀이터 재건 프로젝트 설명회는 연일 인산인해를 이뤘고, 담당자들은 쏟아지는 의견 가운데서 옥석을 가려내기 위해 진땀을 빼야 했다.

특히 놀이터 설계 담당자들은 아이들의 아이디어를 실제 설계에 반영하고자 노력했다. 덕분에 아이들의 의견을 전적으로 수용한 놀이터가 탄생했다. 반면 기술적 한계로 아이들의 일부 아이디어만 차용해 만든 놀이터도 있었다. '아이디어

구현'의 한계에 부딪혀 주민들의 모든 의견을 수용하지는 못했지만, 범위의 차이만 있을 뿐 시의 모든 놀이터에는 아이들의 상상력이 녹아들어 있다.

🧩 아이들이 직접 만든 각양각색 놀이터

주민들은 단순한 아이디어 제공에 그치지 않고 놀이터 실제 설계와 건설 과정에도 함께 참여했다. 매일 30~40명의 주민이 공사 현장을 방문하여 자신들의 의견이 현실화되는 모습을 지켜봤던 것이다.

한 가지 예로 네 명의 딸을 키우고 있는 쾨니히 부부는 설명회 공고문이 붙자마자 가장 먼저 설명회 참석을 신청했다. 특히 아이들의 어머니 마누엘라 쾨니히(Manuella Koenig)는 주민 참여로 이뤄지는 놀이터 재건 프로젝트를 보며 멋지다고 생각했다.

"저희 부부는 공고문을 보고 설명회 참석을 신청한 뒤 아이들과 함께 다른 지역의 놀이터를 방문하기 시작했습니다. 각기 다른 개성을 가진 놀이터를 보고 아이들이 흥미를 느낀 놀이기구나 시설 등을 기록했죠. 아이들도 신이 나서 적극적으로 자신들의 의견을 내놓았고요. 자신이 직접 만든 놀이터라니! 이 얼마나 즐거운 일이에요? 아이들에게도 새로운 경험이자 도전이었던 거죠."

당시 초등학생이었던 그녀의 큰딸과 세 자녀는 자신들이 원하는 것을 그림으로 그려 보여주었다고 한다. 반드시 해야 하는 과제가 아니었음에도 아이들은 자발적으로 이 과정에 참여하길 원했다.

그 결과 둘째딸 마리 쾨니히(Marie Koenig)가 제안한 '4인 그네'가 쾨니히 가족이 사는 아파트 앞 놀이터에 설치됐고, 이 그네는 지역 아이들에게 가장 인기 있는 놀이기구 중 하나가 됐다. '어린 아이들이 무슨 의견을 낼 수 있겠느냐'라고 생각한 어른들의 고정관념을 멋지게 깨부수었던 것이다. 그리고 자신의 상상력이 현실로 이루어지는 모든 과정을 함께한 아이들은 놀이터에 남다른 애정을 갖고 있다.

'4인 그네' 아이디어 제공자인 둘째딸 마리는 자신의 경험을 흥미진진하게 설명했다.

신나는특집기획 **놀이의힘** 2부 진짜 놀이 가짜 놀이

hängende
Reckstange wie auf
dem Spielplatz im
Eschholzpark

Seilschaukel wie auf dem Waldspielplatz
in Zähringen

Ideen von Marie, 6 Jahre

마리 쾨니히
둘째 딸

저는 그네를 원했어요.
여러 아이들이 동시에 탈 수 있는 그네를요

| '4인 그네'를 만든 과정을 설명하고 있는 마리 쾨니히

"4인 그네 때문에 동네 사람들은 이 놀이터를 '마리 놀이 터'라고 불러요. 사람들이 놀이터의 이름을 부를 때마다 마치 제 놀이터가 된 듯한 기분이 들어요. 그네의 위치도 제가 직 접 선택했어요. 어른들이 '마리야, 이 그네는 어디에 놓으면 좋을까?'라고 물어봤거든요. 그네를 설치하고 나서 아저씨들 이 '마리가 만든 그네니까 가장 먼저 타봐야지'라며 저를 그 네에 올려주기도 했어요. 그래서 놀이터에 올 때마다 어디 고 장 난 곳은 없는지 놀이기구를 살펴보곤 해요. 제 놀이터인데 제가 직접 관리해야죠."

창의성이 싹트고 사회성이 자라는 공간

'마리 놀이터'의 한구석에는 제법 큰 나무상자가 놓여 있다. 각종 장난감을 보관하는 상자다. 이 보관함 역시 아이들의 아이디어에서 나왔다. 부피가 크거나 무거운 장난감을 들고 놀이터에 나오기 어렵다는 아이들의 의견을 받아들여 시에서 공동으로 사용할 수 있는 보관함을 만든 것이다. 이후 놀이터를 방문하는 아이들은 가벼운 몸과 마음으로 집을 나설 수 있게 됐고, 각자의 장난감을 교환해 가며 사용함으로써 새로운 즐거움을 만끽하고 있다. 놀이를 행하는 주체에게 놀이에 대한 권리를 돌려준 결과다.

프라이부르크 시가 '놀이의 성지'로 거듭날 수 있게 된 것은 주민들의 의견을 적극적으로 수용한 덕분이다. "도시 전체를 놀이터로 만든다"라는 목적 아래 기획된 프라이부르크 놀이터 프로젝트로 지역 아이들은 세계에서 가장 훌륭한 교육, '진정한 놀이'를 온전히 누릴 수 있게 됐다.

독일인들은 놀이터에 '무엇이 있느냐'가 중요한 게 아니라고 말한다. 놀이터의 핵심은 "아이들이 즐거운가?"라는 질문에 "그렇다"라고 답할 수 있느냐에 달려 있다는 것이다. 그들에게 놀이터는 아이들의 창의성이 싹트고 사회성이 자라나는 공간이다. 아이들은 놀이를 통해 스스로 문제를 해결하고 위기를 극복해 나가는 과정을 터득하기에 독일인들은 그저 아이들이 상호작용할 수 있는 공간과 환경을 만들기 위해 최선을 다할 뿐이다.

그들은 말한다. 도시는 그저 아이들의 상상력을 자극할 수 있는 공간, 친구들과 함께 웃고 떠들 수 있는 장소를 마련해 주기만 하면 된다고. 자유로움을 허락받은 아이들은 어른들의 도움이나 간섭 없이도 얼마든지 스스로 수많은 놀이를 만들어낼 수 있다고 말이다. 놀이의 가치를 결정하는 것은 결국 아이들이기 때문이다.

대한민국 아이들의 71.3%가
밖이 아닌 집 안에서 논다

지금은 종영된 인기 예능 프로그램 〈무한도전〉에서 1980~1990년대 놀이문화를 재현한 적이 있다. '명수는 열두 살'이라는 주제로 진행된 이 프로그램은 땅따먹기, 다방구, 여우야 놀자, 무궁화 꽃이 피었습니다, 오징어 게임 등 추억의 놀이를 소개하며 그리운 과거로의 여행을 선사했다.

컴퓨터는커녕 TV조차 드물던 당시 돌멩이 한 개, 고무줄 하나만으로도 충분했던 아이들의 놀이가 어느새 비싼 비용을 지불해야 하는 컴퓨터와 게임기로 옮겨졌다. 온몸이 먼지투

150

성이가 된 채로 날이 어둑해질 때까지 바깥에서 뛰어놀던 아이들의 일상은 어느 순간부터 보기 드문 광경이 됐다. 아이들이 더 이상 친구들과 땀 흘리며 뛰어놀지 않는 세상, 명백한 '놀이의 후퇴'다.

과도한 선행학습이나 사교육, 크게 늘어난 아동범죄 등 여러 이유가 있겠지만 놀이가 후퇴한 가장 근본적 이유는 '놀이에 대한 인식이 달라졌기 때문'이다. 놀이의 중요성과 필요성을 인식하지 못하는 부모가 많은 것이다.

이런 현상에 대해 연세대학교 아동가족학과 김명순 교수는 다음과 같이 말한다.

"대학입시를 앞둔 고등학교 3학년 학생들에게 사람들은 '사당오락(수면 시간이 4시간이면 대학에 합격하고 5시간을 넘어가면 떨어진다)'이라는 말을 합니다. 우리 아이들이 놀이 시간을 줄이고 그 대신 선행학습을 선택하는 이유도 이와 비슷합니다. 자연스러운 시대적 흐름이라고 치부할 수도 있지만, 아이들의 놀이는 다른 관점에서 접근해야 합니다. 시대의 변화에 발맞추기 위해 놀이를 줄이고 교육을 늘린다는 변명은 부모의 자기만족, 그 이상도 그 이하도 아닙니다."

| 연세대학교 아동가족학과 김명순 교수

🧩 아이들의 놀이가 후퇴하고 있다

'놀이의 후퇴'를 보여주는 설문조사가 있어 간략하게 소개하고자 한다. 2017년 세이브더칠드런은 대도시에 거주하는 만 3~8세 아이들의 부모를 대상으로 '실내 놀이'와 '실외 놀이'의 비율을 확인하는 설문조사를 진행했다. 그리고 두 놀이의 비중을 다시 주말과 주중으로 나눠 조사했다. 그 결과 대도시에 거주하는 아이들의 경우 주중 실내 놀이 시간은 156.63분, 실외 놀이 시간은 63.49분이었다. 주말의 경우 실내 놀이 시

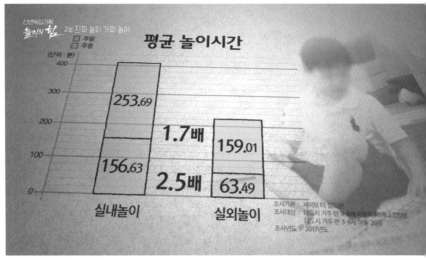

조사기관 : 세이브 더 칠드런
조사대상 : 대도시 거주 만 3~8세 아동의 어머니 275명
　　　　　대도시 거주 만 3~8세 아동 26명
조사년도 : 2017년도

| 주중 평균 실내 놀이 시간 156.63분, 실외 놀이 시간 63.49분

간은 253.69분, 실외 놀이 시간은 159.01분으로 조사됐다.

　주중 실내 놀이는 주중 실외 놀이 대비 2.5배이며, 주말 실내 놀이는 주말 실외 놀이 대비 1.7배 이상 높은 수치다. 쉽게 말해 아이들은 평소 평균 실외 놀이의 2배 이상에 달하는 시간을 실내 놀이로 보내고 있었다.

　놀이 장소를 묻는 설문에는 아이들 가운데 무려 71.3%가 '집'이라고 답했다. 놀이터나 공원은 18.5%, 학교는 3.6%, 유료 놀이시설은 3.6%, 친구집은 1.8%, 기타 1.1% 순으로 조사됐다. 결과적으로 우리 아이들은 대부분 '집'이라는 한정된 공간에서 놀이를 즐기고 있었다. 이는 부정적으로 변한 우리 아이들의 놀이문화를 확실하게 보여주는 조사라고 해도 과언이 아닐 것이다.

이와 관련하여 김명순 교수는 현재 아이들이 즐기고 있는 실내 놀이가 진짜 놀이인지 생각해 봐야 한다고 조언한다.

"이 설문조사에서 확인할 수 있듯 아이들의 놀이 시간 가운데 대부분을 차지하고 있는 '집 안에서의 실내 놀이'가 과연 '진짜 놀이'인지도 고민해 봐야 할 문제입니다. 집 안에서 이루어지는 실내 놀이의 경우 십중팔구 아이의 곁에 부모가 있습니다. 우리 아이들이 진짜 놀이를 즐기고 있는지 의심해 봐야 한다는 이야기죠.

성급하게 일반화할 수는 없지만, 아마도 상당수 가정에서 놀이라는 이름의 가면을 쓴 공부와 학습이 이뤄지고 있으리라 짐작해 봅니다."

우리가 이 설문조사에서 주목해야 하는 부분은 실외 놀이와 실내 놀이의 단순한 구분이 아니다. 설사 아이들이 집이라

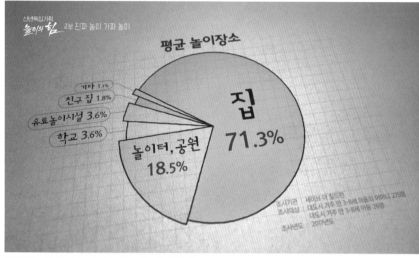

평균 놀이장소

집
71.3%

놀이터, 공원
18.5%

기타 1.1%
친구 집 1.8%
유료놀이시설 3.6%
학교 3.6%

조사기관 | 세이브 더 칠드런
조사대상 | 대도시 거주 만 3~8세 아동의 어머니 275명
대도시 거주 만 3~8세 아동 265명
조사년도 | 2017년도

| 응답자 가운데 71.3%가 놀이 장소라고 대답한 '집'

는 한정된 공간에서 놀이를 즐기더라도 그것이 '진짜 놀이'라면 별 문제 없다. 그러나 김명순 교수가 지적했듯 그것이 '부모의 개입'과 '놀이라는 이름으로 포장된 학습'이라면 이야기가 달라진다.

바깥놀이는 부모의 개입이 '물리적으로 최소화'되는 반면 실내 놀이는 언제든 외부 요인이 개입할 수 있기 때문이다. 다시 말해 바깥놀이는 그 특성상 진짜 놀이를 전제로 하지만, 실내 놀이는 이름만 놀이일 뿐인 가짜 놀이일 확률이 매우 높다는 것이다.

유해물질을 한껏 품은 고무바닥 놀이터

최근 들어 바깥놀이의 중요성과 필요성을 인지하게 된 부모가 늘어나고 있다. 그럼에도 아이들의 바깥놀이를 적극적으로 지지하지 못하는 이유는 아마도 '위험성' 때문일 것이다.

일단 놀이터에 아이들이 없다. 같이 어울릴 친구가 없다는 것은 아이가 위험에 처했을 때 도와줄 사람이 없다는 뜻도 된다. 높은 곳에서 떨어지거나 낯선 사람이 위해를 가해도 도움을 청할 사람이 없는 것이다. 게다가 학교에까지 칼을 든 흉악범이 들어오는 세상이다 보니 아이를 혼자 놀이터에 내보내는 게 안전하다는 생각이 들지 않는다.

환경적인 위험성도 배제할 수 없다. 얼마 전 한 대학의 연구기관에서 놀이터의 환경 수치를 검사한 결과 고무바닥 놀이터의 유해 물질이 모래 놀이터보다 평균 4.3배 많은 것으로 나타났다. 미세먼지에 대한 문제는 말해 봤자 입만 아프다.

이런 현실을 잘 알고 있음에도 김명순 교수는 여전히 바깥놀이의 중요성을 강조한다. 핀란드나 독일처럼 좋은 환경이 갖춰져 있지 못한데도 그가 여전히 아이들을 바깥으로 내보내라고 하는 이유는 무엇일까?

"많은 전문가가 말하는 '리스크 테이킹(risk-taking, 어떤 일을 성취하는 데 따르는 위험 부담)'으로 인한 긍정적 효과는 분명히 있습니다. 아이들이 다소 위험성이 내포된 놀이를 즐김으로써 위험한 상황에 대처하는 방법을 체득하거나 도전정신을 기르게 되는 거죠.

아이들이 안전하게 놀 수 있도록 위험 요소를 제거해주는 것도 물론 중요합니다. 하지만 아무런 위험이 없는 온실 속에서만 자란 아이들은 놀이를 통해 얻을 수 있는 수많은 긍정적 효과를 얻지 못한다는 것을 분명히 알아야 합니다."

주차 차량으로 도배된 골목, 우리 아이들 어디로 가야 하나요

그렇다면 이쯤에서 궁금하지 않을 수 없다. 실내 놀이와 실외 놀이의 비율이 깨진 것은 도대체 언제부터였을까? 이에 대해 많은 전문가는 입을 모아 말한다. 사교육 시장의 확대에 따라 지나친 선행학습이 대두되었을 때부터라고. 그리고 놀이의 가치보다 학습과 교육의 가치를 더 중요하게 생각하는 부모들의 성향이 잘못된 놀이문화를 형성했다고 말이다.

급격한 도심화로 골목과 놀이터가 많이 사라진 것도 문제다. 특히 대도시에서는 아이들이 바깥놀이를 즐길 수 있는 '하드웨어' 자체가 부족하다. 놀이터 대신 들어선 넓은 도로와 그 위를 오가는 수많은 자동차, 골목마다 빼곡히 들어찬 주차 차량이 우리 아이들의 놀이 공간을 잠식한 지 오래다. 아이들이 골목에서 뛰노는 것을 보게 되면 주차된 차량을 파손하지 않을까 걱정이 앞서는 게 사실이다.

그나마 겨우 살아남은 놀이터의 모습도 사뭇 달라졌다. 흙먼지가 날리던 과거 운동장은 녹색의 인조 잔디로 뒤덮였고, 모래 위에 조성되었던 놀이터는 고무 재질의 바닥으로 바뀌었다. 사방이 뻥 뚫린 외부 공간이지만 여러 가지 부분에서 진짜 놀이의 요소를 갖추지 못하고 있는 현실이다. 그렇다면 우리 아이들은 어디서 무엇을 하고 놀아야 할까? 이 의문에 대한 답을 다음에서 찾아보자.

모험을 해도
괜찮아

　　우리보다 한 발 먼저 도시화를 경험한 일본도 아이들의 바깥놀이가 줄어든 건 마찬가지다. 그런데 최근 일본의 풍경이 달라지고 있다. 도시 곳곳에서 놀이의 불균형을 해소하고 아이들에게 진짜 놀이를 돌려주기 위한 혁신적 시도가 이어지고 있는 것이다.

　　대표적으로 도쿄 세타가야 구(世田谷區)의 '하네기플레이파크(羽根木 Play Park)'를 꼽을 수 있는데, 이곳은 '바깥놀이'에 '모험놀이'를 더한 새로운 형태의 놀이터다. 야외에서 이루어지는 다양한 활동을 통해 아이들의 호기심을 자극하고 도전정신을 키워주는 것을 목적으로 한다.

하네기플레이파크의 슬로건은 "자기책임 아래 자유롭게 놀자"다. 놀이에 대한 모든 권리와 책임을 아이들에게 부여한 뒤 자유로운 놀이 시간을 보장하는 것이다. 놀이터라는 개념을 새롭게 정의한 공간인 이곳에 비치해 둔 장난감은 팽이가 유일하다. 대신 놀이터라는 이름에 전혀 어울리지 않는 망치와 못, 톱, 대패 등이 가득하다. 우리나라의 일반적인 놀이터와는 시작점 자체가 다르다.

| '바깥놀이'에 '모험놀이'를 더한 하네기 플레이파크의 전경

만약 우리나라에서 놀이터에 망치와 못, 톱, 대패 등의 연장(?)을 가져다놓으면 어떻게 될까? 십중팔구 보호자의 항의가 들어올 것이다. 아이들에게는 평소 만져 볼 수 없는 금단의 열매 같은 놀이 도구이지만 부모의 눈에는 그저 위험한 물건이기 때문이다.

실제로 미취학 아동이 눈앞에서 가위나 칼을 만지는 모습을 보면, 내 아이가 아니라도 불안한 생각이 든다. 이때 대부분의 사람은 아이가 위험에 처했음을 알려주기 위해 주변에 있는 아이의 보호자를 찾거나, 본능적으로 아이의 손에 쥐어져 있는 가위를 빼앗게 된다. "위험해!" "조심해야지!" "다친다!"라는 한 마디 경고와 함께 말이다.

그런데 이런 시선을 조금은 바꿀 필요가 있지 않을까 싶다. 하네기플레이크파크를 보면 그 이유를 알게 될 것이다.

아이에게 상처는 곧 훈장이다

하네기플레이파크의 또 다른 이름은 '모험놀이터'다. 이곳의 단골손님인 쿠보데라 카이토(窪寺開渡)는 올해 열한 살로 요즘 생활용품을 만드는 재미에 푹 빠져 있다. 오늘 카이토의 목표는 며칠 전 엄마가 갖고 싶다고 말한 '버터나이프'를 만드는 것이다.

어떻게 만들지 미리 계획을 세우고 온 것일까? 카이토는 망설임 없이 제법 큰 못을 펜치로 집어 들더니 대뜸 불 속에 집어넣는다. 뜨거운 불길에도 아랑곳하지 않고 오히려 부채로 열기를 더하며 못을 달군 카이토는 능숙한 손놀림으로 망치를 내려치기 시작한다.

이제 겨우 여덟 살인 기타가타 쇼지(北方昌治)는 요즘 목공에 빠져 있다. 집에서 그려 온 '토끼집' 설계도를 펼쳐놓고 이곳에서 자신만의 세계를 창조한다. 모든 게 다소 서툴고 어설프지만 아이는 그 누구의 도움도 받지 않고 온종일 톱질을 하고 나무에 못을 박는다. 종종 손에 가시가 박히기도 하지만 쇼지는 그만둘 생각이 없어 보인다.

아이들의 모험을 그 누구보다 적극적으로 지지하는 모험놀이터 하네기플레이파크에서는 이런 아이들의 모습을 심심찮게 볼 수 있다.

일본에서는 "남자 아이에게 상처는 곧 훈장이다"라는 농담

이 있다. 일본인들은 놀이를 즐기는 과정에서 생기는 크고 작은 돌발 상황과 상처를 통해 아이들이 경험을 쌓는 것을 중요하게 여기는데, 이것이 바로 '살아 있는 지식'이 됨을 믿어 의심치 않기 때문이다.

초등학생 딸과 함께 이곳을 찾은 미나베 모모코(南部桃子)는 딸이 한 살 때 큰 돌을 가지고 놀다가 입술을 네 바늘 정도 꿰맨 적이 있다. 그녀는 피가 흥건한 아이의 얼굴을 보자마자 심장이 떨어질 만큼 깜짝 놀랐다. 순간 '아이의 놀이를 적극적으로 통제해야 하나'라는 생각이 들긴 했지만 이내 '위험한 상황이 일어나더라도 딸의 성장을 옆에서 지켜보자'라고 마음을 다잡았다. 일본의 부모들 가운데 대부분은 마나베 모모코와 비슷한 생각을 가지고 있다.

그래서일까? 이곳에 처음 온 아이들은 어른들도 다루기 어려운 공구를 만지는 것에 두려움이 없다. 처음 만져 보는 망치와 톱이 무서울 법도 한데 흥미로운 표정만 가득하다. 아마도 아이들이 쉽게 접할 수 없는 '어른들의 놀이'가 주는 재미를 느끼고 있기 때문이 아닐까 싶다.

실제로 이곳을 방문한 아이들은 공구 사용법을 배우는 게 아주 재미있다고 말한다. 예전에는 미처 알지 못했던 새로운 사실을 배워가는 게 재미있다고 이야기한다.

예를 들면 톱은 미끄러질 수 있기 때문에 손잡이의 앞부분을 잡지 말아야 한다거나, 망치를 사용할 때는 못을 똑바로 잡은 후 내리쳐야 다치지 않는다는 걸 확실히 알게 된다는 것이다. 그 결과 아이들은 자유롭게 놀이를 즐기면서도 스스로 위험을 관리하고 대처하는 방법까지 자연스럽게 체득하게 됐다. 최소한의 안전이 보장된 놀이를 통해 위험관리 능력과 대처법을 배우고, 더 나아가 실패를 두려워하지 않는 도전정신까지 기를 수 있게 된 것이다. 여기에 아이들이 자신의 손으로 직접 무언가를 만들어냈다는 성취감에 흠뻑 빠져 보는 경험은 덤이다.

하네기플레이파크의 놀이활동가 나카니시 카즈미(中西和巳)의 이야기를 들어보자.

"지금 일본에서는 부모가 아이의 삶에 필요한 것을 무조건 제공해주거나, 무언가를 대신해주는 경향이 강합니다. 그러다 보니 아이들은 뭔가를 주도적으로 하려고 하지 않습니다. 해보고 싶은 것에 대해 도전할 기회 자체도 많지 않죠.

이렇게 자란 일본의 아이들은 성인이 된 후에도 부모에게 삶의 많은 부분을 의지합니다. 아이들은 이곳에서 도전을 통해 얻을 수 있는 새로운 경험과 지식, 성취감 등을 부모의 도움과 교환하고 있는 셈입니다. 이것이 바로 모험 가득한 하네기플레이파크가 아이들에게 최고의 선생님이 될 수밖에 없는 이유입니다."

🧩 호기심을 자극하고 성취감을 안겨주는 최고의 장소

하네기플레이파크가 가져온 긍정적 효과를 확인한 일본은 이후 본격적이고 적극적으로 모험놀이터를 늘려 나가기 시작했다. 그 결과 일본에는 현재 300개가 넘는 모험놀이터가 조성돼 있다.

모험놀이터의 기반은 안전이다. 안전장치가 마련되지 않은 모험놀이터는 놀이의 긍정적 효과를 실현시킬 수 없다. 아이들의 사고에 빠르고 확실하게 대처할 수 있는 안전장치가 마련된 장소여야만 리스크 테이킹을 기반으로 한 놀이를 올바르게 실행할 수 있다.

| 다양한 모험을 기반으로 진짜 놀이를 경험하고 있는 아이들의 모습

　　그런 의미에서 모험놀이터는 아이들에게 호기심을 자극하고 성취감을 안겨주는 최고의 장소이자 두려워하지 않는 도전정신을 키워줄 수 있는 최적의 공간이다.

현재 하네기플레이파크는 아이들이 스스로 무엇인가를 해나갈 수 있는 힘을 키워주는 장소가 됐다. 아이들은 이곳에서의 경험을 통해 위험에 대한 경각심을 가지고, 안전사고에 어떻게 대처해야 하는지를 체득하고 있다. 어린 시절 부모가 지켜보는 가운데 위험한 물건과 상황에 대한 경험을 쌓고 이에 대한 경각심을 갖게 된다면 아이들은 한결 건강하고 올곧은 어른으로 성장할 수 있을 것이다. 이것이 진짜 놀이의 힘 아니겠는가!

놀 권리를 지킨다,
플레이웨일스

　　세계에서 가장 활발하게 놀이를 연구하고 이와 관련된 투자를 아끼지 않는 나라가 바로 영국이다. 영국에는 아동과 놀이를 위해 활동하는 많은 단체가 있는데, 대표적으로 '플레이웨일스(PlayWales)'를 들 수 있다.

　　플레이웨일스는 단순한 놀이단체가 아니다. 아동의 놀 권리에 대한 법제화를 주도한 공익단체로, 정부가 놀이에 대한 법안을 수립하는 데 결정적 역할을 하기도 했다. 플레이웨일스의 제안으로 국가적 차원에서 아동의 놀이를 지원하는 법안을 통과시킨 것이다.

168

플레이웨일스의 제안으로 국가가 정식 채택한 '2010, 아이와 가족들을 위한 조치(Children and Families(Wales) Measure 2010)' 법안은 영국의 모든 지방정부가 아이들의 놀이에 대해 생각해 보고, 이를 평가해야 한다는 내용을 담고 있다. 이 평가를 통해 아이들의 놀이를 위해 정부가 무엇을 해야 할지 고민해야 한다는 필요성을 제기한 것이다.

이 법안에 따르면 정부는 어린이들에게 놀이 기회가 충분

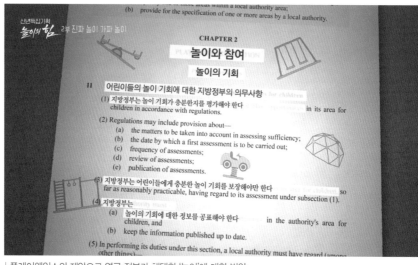

| 플레이웨일스의 제안으로 영국 정부가 채택한 '놀이'에 대한 법안

한지 반드시 확인하고, 미흡한 점이 발견되면 즉각적으로 이를 보완 수정하여 아이들에게 충분한 놀이 기회를 제공해야 한다. 또한 지방정부는 놀이 기회에 대한 정보를 주민들에게 공표해야 하며, 매년 시행되는 평가 결과를 다음 해 정책에 반영할 의무가 명시되어 있다.

이 법안은 "아이들의 놀이에 대한 책임은 국가에 있다"는 영국 정부의 인식이 있었기에 세상에 나올 수 있었다. 놀이를 개인이나 가정의 문제로 국한시키는 우리와 달리 놀이가 아이들의 당연한 권리라는 사실을 국가가 '공증'한 셈이다.

🧩 아이들에게 '자유로운 놀이'를 돌려주다

영국 정부가 아이들의 놀이에 관심을 갖게 된 것은 10여 년 전으로 거슬러 올라간다. 앞서 이야기한 것처럼 지난 2007년 유니세프는 보고서를 통해 "영국은 아이가 성장하는 데 가장 최악의 국가다"라는 내용을 발표했다. 부유하고 강한 힘을 보유하고 있는 영국이지만 '국가의 미래'로 불리는 아이들의 건강과 안녕에 대한 성적은 '꼴찌'였던 것이다. 스스로 선진국

| 영국 놀이 전문 컨설턴트 팀 길

이라고 자부했던 영국 정부는 유니세프의 보고서에 망치로 머리를 얻어맞은 듯한 큰 충격을 받았다. 이에 다각적 방면에서 국가의 놀이 시스템과 문화를 바꾸기 위한 적극적 시도가 이어졌다.

1998년부터 2004년까지 '플레이 잉글랜드(Play England)'의 디렉터를 맡았던 놀이 전문 컨설턴트 팀 길(Tim Gil)은 당시 영국의 아동인권이 매우 낮은 수준이었음을 인정한다.

"당시 영국 정부는 유니세프의 발표를 접한 뒤 크게 놀랐습니다. 부유한 국가가 곧 살기 좋은 나라라는 공식이 여지없이 깨졌기 때문이죠.

이 보고서를 본 영국 정부는 국가의 미래인 아이들의 놀이에 무관심했다는 것에 대해 경각심을 갖고 이에 대한 논의를 시작했습니다."

영국 정부와 민간단체, 놀이활동가의 노력이 모이자 놀이에 대한 인식이 조금씩 달라졌고, 그 중요성과 필요성이 점차 커지기 시작했다. 놀이에 대한 인식이 긍정적으로 변화되면서 잘못된 놀이문화를 바꾸고자 노력하는 기관과 단체 그리고 부모의 수도 점차 증가했다. 부모들이 개인이 아닌 공동체 안에서 아이들의 놀이를 위해 협력하는 분위기가 생기기 시작한 것도 이 무렵부터다.

이런 분위기에 힘입어 영국 정부는 다양한 보고서를 통해 영국 아이들의 삶에 어떤 일들이 일어나고 있는지 확인해 나갔다. 대중은 정부의 이런 행보에 큰 관심을 보였고, 이는 곧바로 국민적 지지로 이어졌다. 영국의 놀이문화를 바꾸는 데 긍정적 영향을 미치는 선순환 시스템이 구축된 것이다. 그러나 이 과정이 마냥 순탄하기만 했던 것은 아니다. 언제나 그

놀이의 힘

렇듯 돈, 즉 예산 문제가 불거졌다. 국가적 관심, 국민적 지지, 놀이문화 양성을 위한 다각적 시도 등 긍정적 시그널이 이어 졌지만 정작 실질적인 예산 편성은 쉽지 않았다.

국가가 어떤 정책을 시행하는 데 있어 예산은 필수다. 아무리 좋은 정책이라고 해도 돈을 끌어올 수 없다면 그 정책은 죽은 정책이나 마찬가지다. 이에 영국 정부는 '복권'으로 눈을 돌렸다. 복권에서 얻는 수익을 놀이 분야에 우선적으로 배정한 것이다.

이렇게 예산을 확보한 영국 정부는 2008년부터 3년 동안 4,000억 원이 넘는 돈을 아이들의 놀이에 투자했다. 그들은 단순히 놀이터의 개수를 늘리고 아이들에게 새로운 놀이 방식을 가르쳐주는 '보여주기식 정책'이 아니라 '진짜 놀이'에 대한 새로운 정의를 내리는 데 초점을 맞췄다. 우리가 잘 알고 있는 '영국의 놀이혁명'은 이렇게 놀이에 대한 근본적 고민에서 시작됐다.

다방면에 걸친 고민이 이루어지고 얼마 지나지 않아 그들은 아이들의 놀이에 있어 가장 중요한 핵심은 바로 '자유'라는 결론을 내렸다. '놀이 학습'처럼 정해진 시스템 아래서 진행되는 놀이도 나름 가치가 있지만, 아이들에게 진정 필요한 놀이는 바로 '자유로운 놀이'라는 결론에 도달한 것이다.

이런 생각을 기반으로 영국 정부는 도심 곳곳에 놀이터를 새롭게 조성하고 아이들의 놀이를 체계적으로 지원할 '놀이 활동가'를 육성해 나가기 시작했다.

아이들은 참여자로, 어른들은 관찰자로

영국 정부는 민간단체들과 오랜시간 논의 끝에 '플레이어드 벤처(Play Adventure)'라는 새로운 형태의 놀이터를 탄생시켰다. 플레이어드벤처는 앞서 설명한 일본의 하네기플레이파크와 비슷한 '모험놀이터'로, 이곳에서 아이들은 자신이 원하는 모든 놀이를 자유롭게 즐길 수 있다.

영국 런던의 중심부 쇼디치(Shoreditch)에 위치한 플레이어드벤처는 아이들에게 모험이 가득한 신비의 나라와 같다. 모험놀이터를 지향하고 있는 만큼 다른 놀이터에서는 보기 어려운 장면이 펼쳐진다.

한 가지 사례로 플레이어드벤처 한복판에는 제법 큰 불길

174

| 플레이어드벤처에서 모닥불 놀이를 즐기는 아이들

을 내뿜는 모닥불이 마련되어 있다. 아이들은 모닥불에서 불
타고 있는 장작을 꺼내 이리저리 휘두르고 친구와 함께 영화
〈스타워즈〉를 연상시키는 불꽃 칼싸움도 한다. 아이들의 격
한 몸동작에 튄 불꽃이 마른 나뭇가지에 옮겨 붙을 때도 있지
만 아이들을 나무라는 사람은 없다. 어른의 시선으로 보면 위
험천만한 놀이지만 이곳에서는 지극히 평범하고 일상적인 놀
이일 뿐이다.

이런 놀이가 가능한 이유는 아이들의 모든 놀이 과정에 놀
이활동가가 참여하고 있기 때문이다. 놀이활동가는 아이들에

게 명백한 위험 신호가 나타날 때만 적극적으로 개입할 뿐 아이들에게 놀이의 방향성을 제시하지는 않는다. 아이들이 불 붙은 나무를 휘두르다가 다른 곳에 불꽃이 튀면 놀이활동 가가 나서 조용히 불꽃을 끄는 식이다. 이곳에서 놀이활동가의 역할은 '지도'가 아닌 '관찰'이다. 아이들이 '안전하게' 놀 수 있도록 최소한의 장치를 마련하는 게 그들의 임무다.

대신 놀이활동가들은 놀이 과정에 자연스럽게 교육을 접목시킨다. 이들은 아이들에게 모닥불에 나무나 천, 종이를 넣는 건 괜찮지만 유독물질이 발생하는 플라스틱이나 비닐을 태우면 안 된다는 것을 가르친다.

영국 브리스틀대학교(University of Bristol) 공공보건정책 연구 교수 엔지 페이지(Angie Page)는 "아이들의 놀이 시간이 줄어든 것은 어른들이 그들의 권리를 빼앗은 탓"이라고 말한다. 아이들은 예나 지금이나 변한 게 없다는 것이다.

"훌륭한 음악은 언어의 장벽에 구애받지 않는다"라는 말이 있다. 삶의 진리는 언어나 생활 방식에 따라 변하지 않는다는 뜻이다. 놀이 역시 마찬가지다. 동양이든 서양이든, 선진국이든 개발도상국이든 놀이의 가치를 관통하는 핵심은 한 가지

176

로 귀결된다. 아이들에게 놀이의 주도권을 돌려주고 어른의 개입 없이 아이들 스스로 하고 싶은 놀이를 마음껏 할 수 있는 자유를 허락하는 것이다.

지금 영국의 놀이는 혁신의 소용돌이 한가운데 놓여 있다. 정부를 비롯해 관련 기관과 단체, 놀이활동가의 노력이 어우러져 아이들에게 진짜 놀이를 되찾아주고 있는 것이다. 부모 역시 이런 흐름에 동참하고 있다. 그동안 가짜 놀이가 판치는 잘못된 놀이문화로 아이들의 성장과 발전이 방해받았다는 사실을 절실히 깨달았기 때문이다.

진짜 놀이는 특정 기관이나 개인의 노력만으로 만들어질 수 없다. 무엇보다 정부의 의지가 중요하고, 기관과 단체의 오랜 연구와 노력이 필요하며, 실제 놀이가 필요한 부모와 아이들까지 한마음이 되어야 한다.

골목이
아이들을 살린다

영국 웨일스(Wales)의 작은 동네 버링턴 테라스(Burrington Terrace)에서는 한 달에 두 번 차량의 골목 통행을 금지한다. 차량 통행이 금지된 둘째 주와 넷째 주가 되면 아이들은 손에 장난감을 든 채 골목으로 쏟아져 나온다. 평소 쉴 새 없이 차가 오가는 골목이지만 이 날만큼은 아이들을 위한 놀이터가 된다. 브리스틀 시(City of Bristol)에 사는 두 명의 주부 앨리스 퍼거슨(Alice Ferguson)과 에이미 로즈(Amy Rose)의 아이디어에서 시작되어 영국 전역으로 빠르게 확산되고 있는 '골목놀이의 날' 풍경이다.

과거 버링턴 테라스 골목은 여느 지역과 마찬가지로 사람이 아닌 차를 위한 도로였다. 매일 수많은 차가 지나다녔지만 이웃 간의 소통은 이뤄지지 않았다. 하지만 골목놀이의 날이 시행된 후로 동네 풍경이 180도 바뀌었다. 매달 두 번 골목에서 이웃집 친구들과 뛰놀던 아이들이 점차 서로의 집을 제 집처럼 드나들면서 어른들의 관계에도 변화가 일어나기 시작한 것이다.

골목의 재발견, 이웃의 재탄생

이곳의 부모들은 아이들이 골목에서 축구를 하고 도로에 분필로 그림을 그리는 모습을 지켜보면서 삼삼오오 모여 수다삼매경에 빠져 있다. 과거 이웃끼리 간단한 인사조차 나누지 않았던 삭막한 모습은 찾을 수 없다.

골목을 마을 주민들에게 돌려주었을 뿐인데 아이들에게는 새로운 놀이터가 생겼고, 어른들에게는 소중한 사랑방이 마련됐다. "오히려 어른들이 더 많은 혜택을 누리고 있다"고 말할 정도로 골목놀이의 날은 동네 주민들에게서 긍정적 변화

| 영국 전역으로 빠르게 확산되고 있는 '골목놀이의 날' 풍경

를 이끌어냈다. 가족 단위로 돌아가며 이웃을 저녁식사에 초
대하고, 함께 캠핑을 떠나는 등 동네 전체가 가족 같은 분위
기로 변하면서 따뜻한 공간이 되고 있다는 것이다.

버링턴 테라스 주민 안토니아 디베네데토(Antonia DiBeneditto)
는 이런 분위기를 '공동체'라는 단어로 설명한다.

"가장 큰 변화는 이 거리에 생동감이 넘치게 되었다는 겁
니다. 과거와 달리 지금은 동네 주민들의 얼굴을 잘 알고 있
습니다. 그러다 보니 반려견을 키우는 옆집이 여행을 갈 때면

우리 집에 강아지를 맡기기도 합니다. 반대로 제가 급하게 외출해야 할 일이 생기면 우리 아이를 옆집에 보내기도 하죠. 어느새 우리 동네 구성원들이 '상호 보완해주는 공동체'로 거듭난 것입니다."

두 주부의 작은 아이디어에서 비롯된 골목놀이의 날 캠페인은 좁은 골목과 작은 동네를 넘어 영국 전체를 변화시키고 있다. 차가 가득하던 도로는 아이들의 형형색색 그림으로 채워지고, 동네 담벼락은 축구 경기를 위한 골대가 되기도 한다. 오랫동안 외면받아 오던 골목의 숨겨진 기능이 재발견되고 있는 것이다.

그런데 생각해 보면 우리에게도 이런 시절이 있었다. 비좁은 골목에 동네 아이들이 옹기종기 모여 기분 좋게 북적거리고, 이웃사촌이 삼삼오오 모여 수다를 떠는 게 일상이었던 풍경이 바로 20~30년 전 우리의 모습이다.

그 시절 남자아이들은 딱지치기와 구슬치기로 하루가 가는 줄 몰랐고, 여자아이들은 해가 질 때까지 고무줄놀이와 소꿉놀이를 했다. 그 과정에서 우리는 자기 욕심만 부리는 게 아니라 상대방의 의견을 듣는 법을 배웠고, 이기기 위해 져줄 때도 있어야 한다는 것을 경험했다. 그렇게 골목길은 우리에게 다른 사람들과 어울리는 법, 더불어 살아가는 법을 가르쳐주는 또 다른 학교였다.

이런 경험 때문일까? 대한민국의 많은 부모가 어린 시절 자신이 뛰어놀았던 골목을 그리워한다. 자신의 아이들에게도 같은 추억과 시간을 만들어주고 싶어 한다. 하지만 우리는 골목이 사라진 도시에 살고 있다. 이런 상황에서 우리 아이들에게 골목을 되찾아줄 방법은 무엇일까?

골목놀이 프로젝트

우리나라에서도 '골목놀이 프로젝트'를 진행하고 있는 곳이 있다. 바로 청주의 한솔초등학교다.

쉬는 시간 한솔초등학교 복도는 비석치기로 승부를 겨루는 아이들, 안대로 눈을 가린 채 술래잡기를 하는 아이들로 활기가 넘친다. 격렬한 놀이에 지친 몇몇 아이가 교실로 돌아와 잠시 숨을 고르는 사이, 교실 한구석에서 다른 아이들은 실뜨기와 공기놀이를 한다. 모두 우리가 어린 시절 즐겨

했던 놀이다.

골목놀이 프로젝트가 시작되고 가장 먼저 달라진 부분은 아이들의 교우관계였다. 이 학교의 아이들은 "친구들과 함께 놀면서 많이 친해졌다"라고 입을 모은다. 매일 웃고 떠들고 온몸으로 부딪히면서 친구들의 새로운 모습을 알아가고 있다는 것이다.

아이들이 서로에게 마음을 터놓으면서 달라진 풍경이 하나 더 있다. 수업 중 교사가 공동 과제를 내줄 때 모르는 것이 있으면 스스럼없이 친구에게 물어보고 답을 아는 아이는 흔쾌히 설명해준다. 이게 뭐 그리 대단한 일이냐고 반문하는 사람도 있겠지만 요즘 학교에서는 보기 어려운 모습이다.

한솔초등학교의 김명신 교사는 이런 변화가 무척 반갑다고 말한다. 예전과 비교해 교실 분위기가 화기애애해졌기 때문이다.

"얼마 전까지만 해도 아이들에게 발표를 시키면 부끄러워하거나 쭈뼛거리기 일쑤였는데, 요즘은 아이들끼리 수업을 진행한다고 말해도 무리가 없을 만큼 적극적으로 서로 도움을 주고받는 모습을 볼 수 있습니다. 놀이를 통해 친구들과

| 한솔초등학교 김명신 교사

새롭게 관계를 맺고, 이를 계기로 하나의 공동체라는 인식을 갖게 된 거죠."

  늦은 오후, 이 학교의 강당이 시끌벅적하다. 일주일에 한 번 열리는 '목요놀이터 날'이기 때문이다. 목요놀이터의 주인 공은 아이들만이 아니다. 교사들도 이 날만큼은 어린 시절로 돌아가 아이들과 함께 골목놀이를 즐긴다.

  목요놀이터에는 규칙이 하나 있다. 교사도 아이들도 시쳇 말로 '계급장 떼고' 그저 즐겁게 노는 것이다. 폭발할 듯한 신체 에너지를 가진 아이들의 제기차기 실력에 불혹을 훌쩍 넘긴 교사들이 맥없이 떨어져 나가지만, 승자와 패자 모두의 얼굴에는 환한 미소가 가득하다.

수업 시간과 전혀 다른 선생님의 모습이 아이들은 꽤나 재미있는 모양이다. 평소 무섭게만 생각하던 선생님을 친구처럼 느끼는 아이들도 생겼다. 아이들은 "일주일에 한 번이 아니라 더 자주 선생님과 함께 놀 수 있는 기회가 있었으면 좋겠다"고 말한다.

아이, 부모, 선생님이 뒤엉켜 땀 흘리며 노는 시간

아이들에게 골목놀이를 가르치고 학교를 놀이터로 만든 건 이 학교의 교사들이다. 친구들과 함께 있으면서도 스마트폰이나 게임기를 꺼내 각자 노는 아이들의 모습을 본 교사들이 이를 바꿔 보고자 머리를 맞대고 고민한 결과였다.

덕분에 아이들의 일상은 크게 달라졌다. 온종일 스마트폰만 들여다보던 아이들이 스마트폰 대신 고무줄, 공기, 뜨개바

늘 같은 놀이 도구를 손에 쥐기 시작했고, 자신만의 세계에서 벗어나 '우리'라는 울타리 안에서 어울리기 시작했다. 부모들의 변화도 시작됐다. 목요놀이터에 엄마, 아빠까지 동참하는 가정이 생긴 것이다.

선행학습의 결과로 학교에서 배울 게 없다며 수업 시간에 밀린 잠을 자거나 학원 숙제를 하는 아이들, 학생들의 인권과 교권이 충돌하여 살벌한 분위기가 감도는 교실, 서로 말 한마디 없이 손에 쥔 스마트폰만 바라보며 저녁식사를 하는 가족의 모습이 낯설지 않은 요즘 한솔초등학교의 풍경은 참으로 기분 좋은 낯설음이 아닐 수 없다.

목요놀이터에 참여한 한 학부모는 "아이와 같이 땀 흘리면서 놀아 본 게 얼마 만인지 모르겠다"고 말했다. 그녀는 아이들과 어울려 놀다 보니 어린 시절 자신의 오빠들과 함께 골목에서 뛰놀던 기억이 떠오른다고 하면서 아이가 진정으로 즐거워하는 모습을 보는 게 행복하다고 덧붙였다. 다른 학부모들과 교류할 수 있는 것도 목요놀이터의 긍정적 효과 중 하나라는 말도 잊지 않았다.

이 프로젝트에서 가장 긍정적 효과를 꼽으라면 '부모의 변화'가 아닐까 싶다. 부모는 변할 생각이 전혀 없으면서 아이만 바뀌길 바라는 사람이 얼마나 많은가.

아이들에게 놀이를 돌려주는 것도 중요하지만 그에 앞서 잔소리와 꾸중, 훈계로 무장한 부모의 마인드를 바꿔야 한다. 대신 그 자리를 이해와 관심, 사랑으로 채워야 한다. 부모의 생각이 변하면 아이의 생각이 변하고 부모의 태도가 바뀌면 아이의 태도도 바뀐다. 부모가 성장해야 아이도 성장한다는 사실을 잊지 말아야 하겠다.

많은 부모가 빠르게 변하는 시대에 맞는 아이를 키우기 위한 양육과 교육 방식을 고민한다. 그러나 여전히 1차원적 수준에 머물러 있는 고민의 방향이 문제다. "아이들의 창의력을 키우기 위해 어떤 책을 읽어줘야 하는가?" "문제해결 능력을 키우려면 어떤 학원에 보내야 하는가?" 우리는 여전히 '가르치는 교육'을 기준으로 고민한다. 이 고민에 '놀이'라는 항목은 없다.

chapter 4.

놀이가 경쟁력이다

인공지능이 바꾼
대한민국 교육의 현주소

　　"인공지능의 치밀한 계산 능력
이 인간의 창의력을 넘어섰습니다."

　"인공지능이 인간의 한계를 가르쳐줬습니다."

　"인간이 인공지능 앞에 무릎을 꿇었습니다."

　2016년 3월 전 세계는 인공지능의 준엄한 경고와 맞닥뜨려
야 했다. 세계 최대의 인터넷 검색 서비스 기업인 구글의 딥
마인드(DeepMind Technologies Limited)가 개발한 인공지능 바
둑 프로그램 '알파고(AlphaGo)'가 프로 바둑기사 이세돌 9단을

꺾는 충격적 사건이 벌어진 것이다. 알파고는 지난 2015년 인공지능 최초로 프로 바둑기사를 이긴 바 있다. 그런데 일 년도 지나지 않아 이세돌 9단과의 대국에서 5전 4승 1패의 압도적 승률을 기록함으로써 알파고는 명실공히 세계 최정상 프로 바둑기사라는 타이틀을 얻게 됐다.

그리고 2017년 5월, 당시 세계 랭킹 1위인 중국의 커제(柯潔) 9단이 포함된 중국 대표들과 치른 대국에서 모두 승리하며 '세계에서 가장 강한 인공지능'임을 입증해 보였다.

| 이세돌 9단과 알파고의 대국 모습

놀이의 힘

바둑 관련 전문가들은 "이세돌 9단의 1승은 인류가 알파고를 상대로 거둔 유일한 승리로 기록될 것"이라고 한다. 이는 인간이 인공지능의 발달 속도를 절대 따라갈 수 없다는 자조적 평가일 것이다.

세계적인 명문 스탠퍼드대학교(Standford University)의 존 헤네시(John Hennessey) 전 총장 역시 이 경기를 보고 '진정한 터닝포인트'라고 말했다. 지금껏 인간만이 할 수 있다고 생각했던 영역에서 인공지능이 승리했기 때문이다. 그는 알파고가 우리에게 던진 메시지를 단순히 승패의 논리로 해석하면 안 된다고 경고한다. 알파고로 대표되는 인공지능이 우리의 미래에 어떤 영향을 끼치게 될지 고민해 봐야 한다는 것이다.

국어, 영어, 수학 그리고 코딩

인공지능의 발달 속도는 프로그램 개발자들의 예상을 뛰어넘을 정도로 엄청나게 빠르다. 과거 SF 영화에서나 볼 수 있을 거라고 생각했던 장면이 어느새 우리의 일상 깊숙이 들어와 있다. 자동으로 기사를 작성하는 로봇 기자가 등장했고, 회사에 필요한 인재를 뽑아주는 인공지능 면접관도 생겼다. 인공지능 교사, 인공지능 의사, 인공지능 변호사는 물론 인공지능 화가도 나타났다.

인공지능은 '개발 예정인 기술'이 아닌 '발전하고 있는 기술'이다. 많은 전문가가 "2020년이 되면 현존하는 직업의 47%가 사라지게 될 것"이라고 경고하고 있다. 앞으로 우리는 인간만이 담당해 온 분야의 상당 부분을 인공지능에 내줘야 한다.

물론 어느 누구도 미래를 정확하게 예측할 수는 없다. 그러나 인공지능이 빠른 속도로 인간의 일자리를 잠식해 들어오고 있는 건 분명한 사실이다.

인공지능과 사물인터넷, 로봇 기술, 드론, 자율주행차, 가상현실 등이 주도하는 4차 산업혁명시대에 코딩은 그야말로 생존을 위한 필수 조건이다. 일반 학교에서도 국어, 영어, 수학 그리고 코딩이라고 말할 정도로 코딩은 핵심 교과 과정으로 부상하고 있다.

전 미국 대통령 버락 오바마(Barack Obama)는 "게임을 다운받는 것으로 끝내지 말고 직접 프로그래밍을 해보라"며 코딩을 권했고, 마이크로 소프트(Microsoft) 창업자 빌 게이츠(Bill

Gates)는 "코딩 능력은 사고력과 문제해결 능력을 향상시킨다"라는 말로 그 중요성을 설명했다. 페이스북(Facebook) 설립자 마크 저크버그(Mark Elliot Zuckerberg) 역시 "읽고 쓰는 것만큼 코딩은 중요하다"라고 말했으며, 애플(Apple Inc.)의 최고경영자 팀 쿡(Tim Cook) 또한 모든 학교에서 코딩을 가르쳐야 한다고 주장했다.

도대체 코딩이 무엇이기에 수많은 셀럽이 그 중요성을 강조하는 것일까?

미국 사람과 대화하려면 영어를 말할 줄 알아야 하고, 중국 사람과 대화하려면 중국어를 말할 줄 알아야야 하듯 컴퓨터와 대화하려면 '코드'라는 언어를 다룰 줄 알아야 한다. 흔히 프로그래밍이라고 말하는 그것인데, 인터넷 웹사이트와 게임, 하다못해 TV 리모콘 등 모든 소프트웨어는 개발자가 입력한 코딩대로 작동된다.

문제는 부모 세대다. 부모들은 코딩을 배워 본 적이 없다. 언론 매체나 교육기관에서 코딩의 중요성을 강조하고 있지만 학부모들은 코딩의 '코' 자도 모른다. 알파벳을 모르는데 어떻게 영어를 가르치고, 한자를 모르는데 무슨 수로 중국어를 가르치겠는가. 좋은 대학에 진학해도 코딩 능력이 없으면 4차 산업혁명에서 뒤처질 수밖에 없다는 전문가들의 말에 부모들은 막연한 두려움으로 아이들을 코딩이라는 또 다른 사교육의 현장으로 밀어 넣고 있다.

알파고 이후 하루가 다르게 발전하고 성장하는 인공지능이다. 앞으로 더 많은 인공지능과 함께 살아가야 할 우리 아이들의 경쟁력은 도대체 어디서 찾아야 할까? 이 책의 새로운 고민도 여기서부터 시작됐다.

| 코딩 교육에 대한 고민과 불안을 토로하는 학부모들

무엇을 배우고, 무엇을 가르쳐야 하는가

스탠퍼드대학교 존 헤네시 전 총장은 "인공지능의 존재감이 인간의 예상을 뛰어넘고 있다"고 말한다. 얼마 전까지 인공지능은 '인간이 만든 컴퓨터 프로그램' 정도로 여겨졌던 게 사실이다. 대부분의 사람은 아무리 뛰어난 성능을 갖춘 인공지능이라도 인간이 만든 이상 한계가 있을 거라고 생각했다.

그러나 어느새 무섭게 성장한 인공지능은 인간만이 해결할 수 있다고 생각했던 문제에 대한 답을 내놓기 시작했다. 이는 비단 인공지능만의 문제가 아니다. 현대의 기술은 하루가 다르게 새로운 무언가를 만들어낸다. 현재 온갖 찬사를 받고 있는 최첨단 기술도 불과 2, 3년 뒤에는 과거의 기술이 되고 만다. 5년만 지나도 그 기술의 유효성을 장담할 수 없는 상황이다. 현재가 아닌 미래를 살아갈 아이들과 이들을 지도해야 하는 학부모, 교사의 고민은 한결같다. "과연 무엇을 배우고, 무엇을 가르쳐야 하는가?"라는 것이다.

과거 신문을 제작할 때 문선공(식자를 주조하거나 인쇄판을 새기고, 종이·직물 등의 재료에 인쇄하는 각종 기계를 다루는 기술자)의 역할을 컴퓨터가 대신하기 시작하면서 그들의 명맥이 끊겼듯, 우리가 안정적 직업이라고 여기던 수많은 직종이 하나둘 사라져 가고 있다. 기술 발전을 통해 우리의 삶은 보다 편리하고 풍요로워졌을지 모르지만, 그 결과 인간의 설 자리가 점점 좁아지는 아이러니한 현실이 눈앞에 닥친 것이다.

　그러나 언제나 그렇듯 시대의 흐름은 기계가 아닌 인간이 주도해 왔고, 우리는 늘 스스로 해답을 찾아왔다. 오히려 급격한 변화가 몰아치는 지금이야말로 혁신적이고 새로운 교육 방식을 모색할 수 있는 기회라고 입을 모으는 전 세계 교육 전문가들의 이야기를 귀담아들어야 하겠다.

교과서와
컴퓨터가 없는 학교

　　4차 산업혁명의 심장부라고 불리는 미국 캘리포니아 주(California)의 실리콘밸리(Silicon Valley)는 세계에서 가장 빠르게 변화하는 도시 중 하나다. 그중에서도 실리콘밸리가 위치한 캘리포니아 주 로스앨터스(Los Altos)의 월도프스쿨(Waldorf School)은 교육 측면에서 큰 관심을 받고 있다. 4차 산업혁명시대를 대비한 새로운 교육 시스템을 시행하고 있는 곳이기 때문이다.

　　그런데 월도프스쿨에는 교과서와 컴퓨터가 없다. 대신 '체험 수업'이 그 자리를 차지하고 있다. 월도프스쿨의 이런 교육 방식은 '머리가 아닌 가슴으로부터의 이해'를 기반으로 하기에 가능하다. 이 학교의 교장 피에르 로랑(Pierre Laurent)은 주입식 교육은 아이들의 미래를 어렵고 어둡게 만들 뿐이라고 단언한다.

"모니터로 가르치는 교육은 아이들의 한계를 미리 정해놓는 교육 방식입니다. 이런 방식은 아이들의 무한한 가능성을 제한하는 부작용을 낳습니다. 특히 컴퓨터를 통해 제공되는 가공된 정보는 아이들이 상상력을 발휘할 여지를 빼앗아버리죠. 그래서 컴퓨터를 없앤 것입니다."

아이들이 직접 만든 교과서의 탄생

생뚱맞게도 과학실이 아닌 '율동실'에서 진행되는 월도프스쿨의 '과학 수업 시간'을 들여다보자. 이번 과학 수업의 주제는 영국을 대표하는 고대 유물 '스톤헨지(StoneHenge)'다. 솔즈베리 평원(Salisbury Plain)에 위치한 스톤헨지는 높이 4미터, 무게 25~30톤의 거대한 돌이 원형으로 배치되어 있는 대형 구조물로, '공중에 매달린 바윗돌'이라는 의미를 가지고 있다. 무덤, 제단, 신전, 천문학 관측소 등 그 역할에 대해 다양한 추측이 난무하고 있는데, 지금까지도 그 용도가 정확하게 밝혀지지 않았다.

율동실에 둥그렇게 둘러선 아이들은 '스톤헨지는 달력이 생기기 전 고대인들이 계절을 예측하기 위해 만든 건축물'이라는 가장 유력한 가설에 따라 스스로 스톤헨지의 돌기둥이 되어 실제로 계절을 예측할 수 있는지 살펴보고 있다.

월도프스쿨의 모든 수업은 아이들의 체험을 기반으로 이뤄진다. 교과서에 등장한 사소한 내용도 아이들은 반드시 몸을 사용해 관련 지식을 탐구하고 터득한다. 이 학교에서는 교사의 역할을 최소한으로 제한한다. 처음부터 답을 정해놓고 이를 찾아가는 방법을 가르치는 우리나라의 주입식 교육과 달리 월도프스쿨의 교사들은 그저 아이들에게 화두만 툭 던져줄 뿐이다. 아이들은 교사가 던진 화두에 대해 친구들과 토론을 벌이거나 독자적으로 정보를 검색하거나 분석하면서 답을 찾아간다. 이런 과정을 통해 아이들은 스스로를 단련하고 성장시킨다.

월도프스쿨에서는 아이들 각자의 노트가 교과서를 대신한

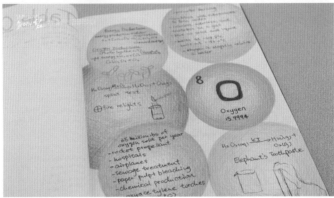

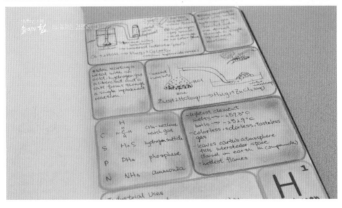

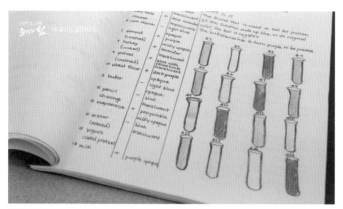

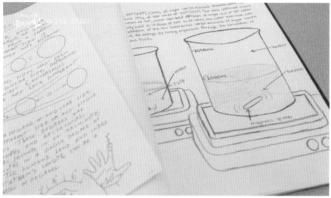

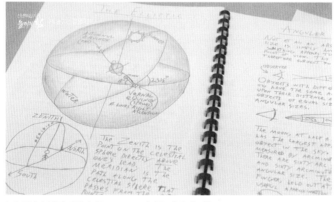

| 아이들이 직접 만든 수업 노트로 교과서를 대신하는 월도프스쿨

다. 이 노트는 세상에 단 하나뿐인 '자기 자신을 위한 최고 교과서'다. 월도프스쿨의 아이들은 학습한 내용을 자신만의 스타일대로 그림이나 사진, 도표, 텍스트로 정리하는데 그 모양새가 예사롭지 않다.

이제 교육은 입시가 아닌 생존 문제다

로랑 교장은 교실이 친구들과 소통하고 지적 상호작용이 일어나는 친화적 공간이 되길 바란다. 친구들과 유기적으로 대화를 나누고 협동하며 과제를 완수해 나가는 커리큘럼을 마련한 것도 이런 이유 때문이다. 그는 가공된 정보를 제공하는 컴퓨터와 정형화된 내용을 담고 있는 교과서로 진행되는 수업이 반복될수록 아이들의 미래는 점차 그 빛을 잃어갈 것이라고 경고한다.

월도프스쿨에서 컴퓨터와 교과서를 없애고 아이들의 신체를 사용하는 이유는 학생들의 두뇌 활동을 자극하여 상상력을 불러일으키기 위해서다. 또한 학생과 교사, 친구들 간의 상호작용을 통해 인간이 가진 소통 능력, 그중에서도 특히

204

'협업 능력'을 발전시키기 위해서다.

여기서 우리가 눈여겨봐야 할 부분이 있다. 바로 '인간 고유 능력을 개발하는 데 중점을 둔 월도프스쿨의 교육 방식'이다. 월도프스쿨은 인간의 고유 능력인 잠재력을 개발하고 개척하여 다가올 4차 산업혁명시대에 대응하고자 한다.

기술 변화가 기존의 노동력을 대체한다는 것은 인간을 다른 유형의 직업에 재배치해야 한다는 뜻이다. 21세기 아이들의 교육은 단순한 학교 성적이 아닌 인간 생존과 직결된다. 부모들이 하루라도 빨리 깨어나야 우리 아이들의 생존 확률도 높아진다.

지금 우리 부모들의 시선은 어디에 머물러 있는가? 학교 성적인가, 4차 산업혁명인가? 그리고 지금 부모들은 무엇을 준비하고 있는가? 대학 입시인가, 아이들의 미래인가? 진지하게 고민해 봐야 할 질문이 아닐 수 없다.

우리가 더
인간다워야 하는 이유

　　얼마 전 한국고용정보원에서는 약 10년 뒤 인공지능이 갖게 될 능력을 예측한 결과를 내놓았다. 이 예측 결과에 따르면 기억력, 선택적 집중력, 청력, 판단과 의사결정, 반응 시간과 속도 등 '지식 습득'의 영역에서는 인공지능이 인간을 월등히 앞서는 것으로 나타났다. 반면 창의력, 협상, 학습 전략, 설득, 유연성과 균형감각 등에서는 인간이 인공지능을 앞서는 것으로 나타났다.

　　인간은 기억력과 집중력, 반응 시간과 속도, 판단과 의사결정 등 일부 분야에서는 결코 인공지능의 발달과 변화를 따라

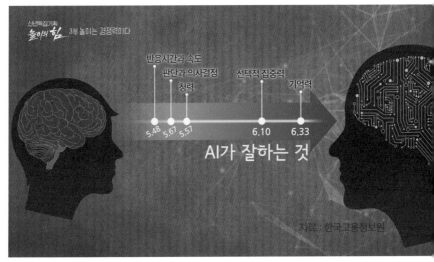

| AI가 인간보다 월등한 영역

갈 수 없다. 그러므로 우리는 이제 인간만이 할 수 있는 영역을 더욱 공고히 다지는 데 주력해야 한다.

전 세계 많은 전문가는 말한다. 4차 산업혁명을 넘어 그 이후의 시대가 닥치더라도 인간만의 능력을 지키고 성장시킬 수 있다면 인류가 개발한 기술에 인간이 휘둘리는 일은 없을 거라고 말이다.

인간이 인공지능과의 싸움에서 연전연패를 기록하고 있는 가운데 우리가 주도권을 되찾을 수 있는 힘은 단 하나 바로

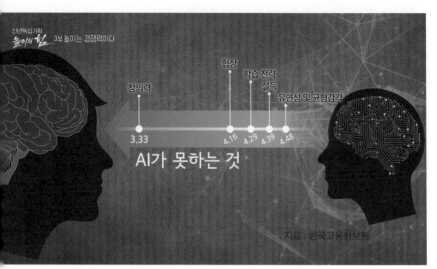

| AI가 인간보다 취약한 영역

'창의력'에 있다. 창의력이야말로 인간이 인간다움을 분명하게 드러낼 수 있는 고유 영역이다.

물론 어느 시대에나 창의력은 중요했다. 하지만 '창의력에 대한 갈증'이 이토록 절실했던 시기는 없었다. 이런 상황은 앞으로 더욱 심화될 것이다. 훗날 '인공지능 범람 시대'로 기록될 지금, 우리가 인간으로서 가치를 증명하기 위한 유일한 방법은 창의력을 기반으로 개개인의 고유한 생각을 공공히 구축하는 것이다.

창의력에 대한 갈증이 도래하는 시대

실제로 이런 현상은 우리 사회 곳곳에서 나타나고 있다. 주변을 둘러보라. 과거에는 '나를 따르라'는 식의 일방적 리더십이 주를 이뤘지만 이제는 남과 다른 창의력을 기반으로 자기주도적 삶을 개척하는 인물이 세상을 이끌어간다. 21세기에는 새로운 관점을 제시하고 지금까지 존재하지 않던 가치를 만들어내는 사람이 리더가 된다. 기존의 생각을 답습하고 과거의 그림자에서 벗어나지 못하는 사람들은 더 이상 설 자리가 없다.

우리 아이들이라고 다를까? 절대 그렇지 않다. 기존의 교육 방식으로 키워낸 인재는 지금 큰 경쟁력을 발휘하지 못하고 있다. 암기 위주의 특정 시험을 준비하는 교육 방식으로는 절대 21세기형 인재를 키워낼 수 없다.

현대사회에서 한 분야에 특화된 사람들을 '스페셜리스트'라고 부른다. 과학, 의학, 건축, 미술 등 다방면에서 뚜렷한 발자취를 남긴 레오나르도 다빈치(Leonardo da Vinci)처럼 팔방미인은 아닐지라도 특정 분야에서 자신만의 영역을 공고히 쌓은 스페셜리스트라면 다른 사람들과의 확실한 차별성을 무기로 승승장구할 수 있다. 앞서 언급한 이세돌 9단 역시 바둑이라는 분야에서 최고 자리에 올랐기에 사회적·경제적 보상을 받을 수 있었다.

이렇듯 오랫동안 이어져 온 인간과 인간의 경쟁에서조차 타인과의 차별성은 매우 중요하다. 많은 부모가 자녀를 명문대생으로 만들고 싶어 하는데 이 역시 자신의 아이가 남과 다른, 아니 그 누구보다 뛰어난 사람으로 성장하길 바라기 때문이다. 이런 교육에서는 창의력이 중요하지 않다. 아니 오히려 창의력을 가진 아이들은 외면당해야 했다. 수업 시간에 선생님이 외우라는 것은 외우지 않고 자꾸 엉뚱한 질문만 쏟아내어 수업 분위기를 망친다고 눈총을 맞아야 했다. 수업 시간에 선생님의 설명을 잘 듣고 부모님의 말씀을 거역하지 않는 '모범생'이 환영받는 시대였던 것이다.

모범생 마인드는 여기까지!

그러나 모범생 마인드는 여기까지다. 더 이상은 안 된다. 앞서 말했듯 우리가 경쟁해야 하는 상대는 인간이 아닌 인공지능이다. 인공지능이 범접할 수 없는 영역을 굳건히 다져야 한다. 이를 가능케 하는 게 바로 교육이다.

스탠퍼드대학교 교육대학원 폴 킴(Paul Kim) 부학장은 인공지능과 인간이 대결해 승리할 수 있는 혁신적인 교육 시스템이 필요하다고 강조한다.

"어떤 사람들은 '그렇게 위험하면 인공지능을 개발하지 않으면 되는 것 아닌가?'라고 주장할지도 모르겠습니다. 하지만

| 스탠퍼드대학교 교육대학원 부학장 폴 킴

이는 명백히 어리석은 주장입니다. 과거 인력거꾼들을 위해 자동차를 개발하지 말아야 한다거나 전화교환원의 고용을 위해 휴대전화를 보급하지 말아야 한다는 논리와 매우 비슷한 맥락인 거죠.

　인공지능은 이미 우리의 일상이자 거스를 수 없는 시대의 흐름입니다. 새로운 시대를 맞이해 변화를 거부하는 일부 장인(匠人)의 뚝심도 큰 가치가 있지만 어디까지나 독보적인 기술력을 보유하고 있는 경우에만 해당되는 이야기입니다. 미래를 이끌어가야 할 우리 아이들이 인간이 개발한 인공지능에 휩쓸리지 않으려면 지금 당장 인간만의 영역을 공고히 다질 수 있는 혁신적인 교육 시스템이 필요합니다."

'창의력'이라는
과목이 있다면

아이들이 새로운 수학 공식, 새로운 영어 단어, 새로운 과학 이론 등을 배우는 것은 그리 어렵지 않다. 이와 관련된 전문가(교사)만 있으면 얼마든지 관련 지식을 습득할 수 있다. 아이들이 제대로 이해했느냐, 못했느냐는 그다음 문제다. 그러나 창의력은 다르다.

창의력을 키우는 공식을 들어 본 적이 있는가? 창의력을 높이는 이론을 들어 본 적이 있는가 말이다. 그래서 창의력이 어려운 것이다. 눈에 보이지도 않고 수치상 평가는 더더욱 불가능한 창의력! 도대체 알다가도 모를 이 창의력이라는 과목

(?)을 어떻게 우리 아이들에게 가르칠 것인가?

　이 질문의 답을 미국 스트래트포드스쿨(Stratford School)에
서 찾아보자.

소통과 협업을 중심으로 한 새로운 커리큘럼

미국 캘리포니아 주 산타클라라(Santa Clara)에 위치한 스트래

| 세계적 기업이 즐비한 실리콘밸리에 위치한 스트래트포드스쿨

214

트포드스쿨은 인공지능시대에 발맞춰 변화하는 실리콘밸리 교육의 선봉장으로 인정받고 있다. 이 학교에서는 기존의 교육 방식을 시쳇말로 '폐기처분'한 뒤 소통과 협업을 중심으로 한 새로운 커리큘럼을 진행하고 있다.

스트래트포드스쿨의 모든 교육 역시 놀이를 기반으로 구성된다. 이곳 아이들이 과제를 해결하는 과정을 살펴보면 놀랍게도 놀이터에서 친구들과 어울려 노는 모습과 거의 비슷하다는 것을 알 수 있다.

한 가지 예를 들면 교사가 '빨대를 이용해 500㎖ 물병 두 개를 버텨낼 수 있는 다리를 만들라'는 과제를 내주면, 4~5명의 아이들이 한 조를 이뤄 공동의 과제를 해결하기 위해 머리를 맞댄다. 이 과정은 보기보다 치열하게 전개된다. 아이들은 '빨대 다리'를 만들기 위해 끊임없이 자신의 의견을 내놓고, 친구들을 설득하고, 서로의 의견을 상호 보완해 나간다. 빨대 다리를 제작하는 도중 크고 작은 문제가 발생하지만 아이들은 결코 좌절하지 않는다. 마음대로 안 된다고 실망해 그만두거나 짜증을 내는 대신 문제를 해결하기 위해 동분서주한다. 그리고 얼마 뒤 아이들은 자부심과 성취감이 가득한 표정으로 자신이 만든 빨대를 이용한 다리를 바라본다.

아이들의 웃음소리와 환호, 탄식이 교차하는 수업 시간은 잠시도 조용할 때가 없다. 아이들이 학습을 가장한 놀이를 즐기고 있기 때문이다.

이런 수업 방식은 창의력뿐 아니라 인간의 고유 능력 중 하나인 '협업 능력'도 키워준다. 스트래트포드스쿨의 프로젝트는 대부분 '팀 단위'로 이뤄지기 때문에 아이들에게 소통과 논의는 매우 중요한 과정이다. 자신과 자신이 속한 집단의 이익이 우선시되기에 서로 만족할 수 있는 타협점을 찾는 게 말처럼 쉽지 않다. 어른도 쉽지 않은 게 협업인데 이성보다 감정이 앞서는 아이들은 오죽하겠는가.

이 학교의 아이들 역시 처음에는 친구들과의 소통을 어려워하고 제대로 협업을 이끌어내지 못했다. 많은 아이가 공동 과제를 개인적으로 해결하려고 들었다. 친구의 말을 듣기 보다는 자신의 생각을 내세우기 일쑤였고, 서로 간의 합의점을 찾지 못해 다투는 아이들도 많았다.

이 학교의 임혜진 교사는 수업 방식이 바뀌었을 때 일어난 혼란스러운 상황에 대해 이렇게 말한다.

| '빨대를 이용한 다리'를 만들기 위한 아이디어 노트

"처음 아이들에게 프로젝트를 줬을 때 어쩔 줄 몰라 하며 당황하던 모습이 아직도 생생하게 기억에 남아 있습니다. 학교에 들어오기 전 친구들과 놀아 본 적이 없으니 다른 친구들과 교감하는 방법을 몰랐던 거죠. 원활하게 소통할 수 있는 기술 역시 부족했고요.

교사들의 고민은 거기서부터 시작됐습니다. 조금 늦었지만 아이들에게 놀이를 중심으로 한 커리큘럼을 제공함으로써 이를 보완해 나가기로 한 거죠."

▪️🧩 10번 실패하면 11번 재도전할 수 있는 기회를 주는 수업

빨대로 다리를 만드는 수업 시간을 통해 알 수 있듯, 이 학교에서는 교사가 일방적으로 학습을 주도하는 기존의 교육 방식을 과감히 버렸다. 대신 교사가 아이들에게 공동 또는 개인 프로젝트를 주고 이를 해결해 나가는 것을 기본으로 한다.

같은 문제라도 아이들의 성향과 생각에 따라 천차만별의 답이 나오는데, 이 또한 큰 문제가 되지 않는다. 공동 프로젝트의 경우 오히려 그 덕분에 독특한 결과물이 탄생하기도 한다. 모든 결과물이 만족스러운 것은 아니지만 이 학교에서는 전혀 문제될 게 없다. 결과물보다 중요한 게 문제를 해결하는 과정이고, 그 과정에서 아이들은 끊임없이 창의력을 키우고 있기 때문이다. 스트래트포드스쿨 교사들은 결과를 특정하지 않고 아이들의 자유로운 사고를 보장하는 수업 방식이야말로 창의력을 키우는 가장 좋은 방법이라고 말한다.

이 수업에서 또 한 가지 주목해야 하는 부분이 있는데, 바로 '프로젝트 결과물의 평가에 대한 아이들의 대처법'이다.

218 놀이의 힘

한 가지 예로 '빨대를 이용한 다리'를 만든 아이들 모두가 만족스러운 결과물을 내놓은 건 아니다. 3~4개의 물병 무게를 안정적으로 버텨낸 다리가 있는 반면, 한 개의 물병 무게도 버티지 못하고 무너진 다리도 있다. 이때 미션에 실패한 그룹 아이들은 실망하지 않는다. 재도전하면 그만이기 때문이다.

자신들이 만든 빨대 다리가 '두 개의 물병을 지탱해야 한다'는 조건을 충족시키지 못한 것을 확인한 그룹의 아이들은 친구들과 모여 문제점과 보완점에 대해 의견을 나눈 뒤 다시 시도해 본다. 어떤 아이는 새로운 아이디어에 대한 평가를 교사에게 부탁하기도 한다.

이 학교에서 수업은 한 번 실패했다고 끝나는 시험이 아니다. 10번 실패하면 11번 재도전할 수 있는 기회의 시간이다. 그래서 이곳의 교사들은 아이들이 만들어낸 결과물을 평가할 때 절대 '실패'라는 단어를 사용하지 않는다. 그저 또 한 번의 '기회'가 주어졌다고 말한다. 아이들이 경험을 통해 부족한 부분을 직접 확인하고 끊임없는 도전으로 보완해 나가는 '도전정신'이야말로 스트래트포드스쿨이 아이들에게 가르치고자 하는 '인간만의 능력'인 것이다.

창의력, 비판적 사고, 의사소통 능력, 협업 능력 4C의 시대가 온다

과거의 교육 방식을 그대로 답습하면서 새로운 시대에 맞는 인재를 키운다는 건 그야말로 어불성설이다. 우리 아이들을 경쟁력 있는 아이로 키우려면 교육 또한 이전과 다른 방향으로 접근하는 게 옳다.

새로운 시대가 원하는 인재의 조건은 무엇일까? 이에 대해 스탠퍼드대학교 교육대학원 폴 킴 부학장은 '4C'라고 정의한다. 4C는 창의력(Creativity), 비판적 사고(Critical thinking), 의사소통 능력(Communication), 협업 능력(Collaboration)이다. 모두 인공지능이 결코 가질 수 없는 인간의 고유 능력이다. 그런데 4C는 가르치고 배우는 게 아니라 '터득하는 것'이다.

영국 브리스틀대학교 엔지 페이지 교수는 4C를 키우는 가장 좋은 방법을 다음과 같이 설명한다.

"이른바 4C로 불리는 인간의 고유 능력 또는 기술은 교실에서 교사가 가르치는 기존의 방식으로는 배울 수 없습니다. 자유로운 환경에서 아이들이 스스로 터득해 나갈 수밖에 없

| 창의력, 비판적 사고력, 의사소통 능력, 협업 능력이 필요한 4C의 시대

죠. 어린 시절 놀이가 중요한 이유입니다. 4C에 적합한 교육 방식은 틀에 박힌 기존의 교실 수업 같은 것이 아닙니다. 아이들의 가능성을 무한대로 펼칠 수 있는 놀이야말로 4C를 무럭무럭 살찌게 하는 최고의 영양분이자 커다란 동력이라는 사실을 기억해야 합니다."

많은 부모가 빠르게 변하는 시대에 맞는 아이를 키우기 위한 양육과 교육 방식을 고민한다. 그러나 여전히 1차원적 수준에 머물러 있는 고민의 방향이 문제다. "아이들의 창의력을 키우기 위해 어떤 책을 읽어줘야 하는가?" "문제해결 능력을 키우려면 어떤 학원에 보내야 하는가?" 우리는 여전히 '가르치는 교육'을 기준으로 고민한다. 이 고민에 '놀이'라는 항목은 없다.

4차 산업혁명시대에 어울리는 능력을 갖춘 아이로 키우기 위한 방법은 매우 간단하다. 지금까지 주야장천 외쳤던 그것, 처음부터 끝까지 같은 소리만 되풀이하는 것처럼 보이는 그것, 바로 놀이다. 그냥 아이들에게 아무 조건 없이 놀이를 돌려주면 된다.

수차례 강조한 내용이지만 너무도 중요한 것이라 다시 한 번 반복하겠다. 아이들에게 놀이는 작은 사회를 체험해 보는 기회다. 아이들은 이 작은 사회 안에서 친구들과 소통하고 때로는 공동의 목표를 달성하기 위해 협업하며 갈등과 문제를 해결해 나간다. 그 안에서 새로운 놀이를 창조하는 마술을 보여주기도 한다. 놀이야말로 4C로 명명된 인간의 고유 능력을 키우는 최고 교육인 셈이다.

놀이는 인간이 가진 태초의 본능이다. 아이들에게 책을 읽거나 놀이터에서 노는 것 중 하나만 고를 수 있다고 한다면 열이면 열 모두 모래 위에서 신나게 구르는 쪽을 선택할 것이다.

인간이 더욱 인간다울 수 있는 방법은 아이들이 가장 좋아하는 '놀이'에 집중할 수 있는 시간을 최대한 많이 제공해주는 것이다. 우리 아이들이 사방이 꽉 막힌 사각 교실이 아닌, 모래가 깔린 넓은 놀이터에서 새로운 시대를 준비할 수 있길 바란다.

이스라엘 교육의
비밀

　　　　　이스라엘은 현재 '스마트 자동
차' 관련 분야에서 가장 뛰어난 기술력을 보유한 국가로 인정
받고 있다. 이에 매년 10월이면 전 세계 자동차 관련 기업의
경영진과 연구원이 이스라엘 텔아비브(Tel Aviv)로 모여든다. 차
세대 자동차로 불리는 스마트 자동차의 모든 것을 한눈에 볼
수 있는 '스마트 모빌리티 서밋(Smart Mobility Summit)'에 참가
하기 위해서다.

　스웨덴에서 온 한 기업인은 자사에서 개발 중인 신차에 적
용할 센서 기술을 보유한 스타트업을 찾기 위해 이 행사를 찾

| 스마트 자동차의 모든 것을 한눈에 볼 수 있는 '스마트 모빌리티 서밋' 전경

왔고, 또 다른 미국 기업인은 고속도로 자율주행과 사고 회피 시스템 개발을 위해 이곳을 찾았다고 했다.

그런데 문득 드는 생각이 하나 있다. 전통적인 자동차 강국으로 알려진 독일, 일본, 미국이 아니라 이스라엘에서 이런 행사가 열리는 이유는 무엇일까? 변변한 자동차 기업 하나 없는 이스라엘이 전 세계에서 손꼽히는 자율주행 자동차 기술 강국으로 거듭난 계기는 무엇일까?

이 질문에 대한 대답 역시 '어린 시절 놀이를 통해 기른 도전정신'에서 찾을 수 있다.

🧩 중학교 중퇴자가 만든 스타트업, 자동차 본국을 흔들다

스마트 모빌리티 서밋의 나탈리 번스타인(Natalie Bernstein) 의장은 '이스라엘의 도전정신'에 대해 다음과 같이 말한다.

"이스라엘 청년들은 어떤 아이디어가 떠오르면 곧바로 친구나 군대 동료 등 지인에게 연락해 스타트업을 세웁니다. 미래의 성공과 실패는 스타트업 설립과 별개의 문제인 거죠.

우리는 실패를 두려워하지 않습니다. 설사 어떤 일에 실패하더라도 아무 일도 일어나지 않는다는 걸 알기 때문이죠. 오늘 스타트업이 실패한다면 내일 또 다른 스타트업을 세우면 그만입니다."

이를 증명해주는 또 다른 사람이 바로 스마트 주행 스타트업 '발레란(Valerann)'을 설립한 샤할 베히리(Shahar Bahiri)다. 그는 최근 자동차 강국인 미국에 이어 영국과도 기술협약을 맺는 데 성공했다. 현재에 이르기까지 무수한 실패를 거듭한 그는 "실패가 두려워 도전하지 않으면 우리는 결국 '성공의

226   놀이의 힘

신년특집기획 놀이의 힘 3부 놀이는 경쟁력이다

샤할 베히리
이스라엘 스타트업 기업 대표

모든 정보를 차에서 얻는 것은
너무 어렵다고 생각했습니다

| 전통적 자동차 강국을 뒤흔든 초등학교 졸업 학력의 샤할 베히리

기회를 잡을 기회조차 놓친다'는 사실을 기억해야 한다"고
조언한다.

그리고 샤할 베히리는 자신의 말 그대로 성공의 기회를 잡
았다. '스마트 주행의 주체는 자동차가 아닌 도로에 있다'는
생각이 그 성공의 시작점이었다.

"스마트 주행이 가능한 자동차가 출시되더라도 실제 사용
까지는 수십 년 이상이 걸리죠. 비용적인 부분을 포함해 해
결해야 할 문제가 많이 있으니까요. 그래서 바보 같은 질문

을 해봤습니다. '자동차가 아닌 다른 측면에서 스마트 주행을 해결할 수는 없을까?' 이 엉뚱한 질문에 대한 제 대답이 바로 '도로'였습니다."

샤할 베히리는 자동차가 달리기 위해서는 반드시 길이 필요하기 때문에 '도로를 스마트하게 바꾸면' 모든 자동차의 자율 주행이 가능하지 않을까 하는 생각이 들었다고 한다. 결국 그의 핵심 기술인 '스마트 센서'는 자동차가 아닌 도로를 대상으로 만든 것이다.

샤할 베히리의 회사는 야간 반사판 같은 스마트 센서를 도로에 설치하여 도로의 상태, 사고 현황, 교통 흐름 등의 정보를 수집해 클라우드에 저장한다. 이렇게 저장된 정보는 스마트폰을 통해 고객에게 전달된다. 운전자는 애플리케이션을 설치하는 것만으로 자율 주행차의 기능을 갖게 되는 것이다.

이토록 놀라운 기술을 만들어낸 샤할 베리히의 최종 학력은 초등학교 졸업이다. 좀 더 정확하게 말하면 중학교 중퇴자다. 현재 그는 전문경영인을 비롯해 고학력의 직원들과 함께 일하고 있다. 회사의 모든 업무는 그들과 함께하지만 중차대한 결정은 언제나 그의 몫이다.

| 도로 상태, 사고 현황, 교통 흐름 등을 고객에게 전달하는 스마트 센서

🧩 이스라엘이 조기교육을 기피하는 이유

이스라엘이 4차 산업혁명의 메카로 떠오를 수 있었던 것은 스타트업에 도전하는 수많은 젊은이가 있기 때문이다. 덕분에 이스라엘은 스마트 자동차는 물론 인공지능과 로봇 분야에서도 선두를 달리고 있다. 노벨상에 이어 인공지능으로 대표되는 4차 산업혁명시대까지 지배하고 있는 이스라엘 교육의 비결은 의외로 단순하다. 아이들의 성장 단계에 맞춘 교육을 시행하는 것!

이스라엘에서는 아이들에게 연령대에 맞지 않는, 즉 적절하지 않는 단계의 학습을 절대 강요하지 않는다. 이스라엘에서 3세 아이에게 사칙연산을 가르치거나 다른 나라의 언어를 배우게 하는 건 상상조차 할 수 없는 일이다. 아이가 초등학교에 입학하기 전까지 가정에서 글씨와 숫자를 가르치지 않기에 이스라엘 부모들은 어린 아이들을 한자리에 앉혀 놓고 수업을 한다거나 어린이에게 과제가 빽빽이 적힌 종이를 쥐어주는 것을 이해하지 못한다.

이들이 조기교육을 철저히 피하는 이유는 그것이 아이들의 창의력에 부정적 영향을 미치기 때문이다. 이스라엘의 부모들은 강압적 교육에서 아이들이 느끼는 어려움과 좌절이 나중에 더 큰 문제를 초래한다는 사실을 잘 알고 있다.

조기교육을 완전히 배제했음에도 여러 분야에서 세계 최고의 자리에 올라 있는 이스라엘의 교육 현장이 어떤 모습일지 궁금하지 않은가? 과연 이스라엘 교육에는 어떤 비밀이 숨겨져 있는 것일까? 지금부터 이스라엘의 유치원, 초등학교, 고등학교 교육 과정을 통해 그 비밀을 풀어 보려고 한다.

정답 없는 학교 수업,
상상력의 물꼬를 트다

우리가 가장 먼저 찾아간 곳은 이스라엘 북부 요크네암(Yokneam)에 위치한 돌레브(Dolev)유치원이다. 이곳 역시 핀란드, 독일과 마찬가지로 '바깥놀이'를 굉장히 중요하게 여긴다. 이곳 아이들은 하루에도 몇 번씩 바깥으로 나가는데, 아이들에게 바깥놀이터는 온갖 실험을 진행할 수 있는 '연구실' 같은 장소다.

아이들은 바깥놀이터에서 직접 망치를 들고 못을 박거나 톱으로 나무를 자르고 진흙을 두들긴다. 고사리손으로 직접 만든 구조물이 완벽할 리 없다. 아이들이 만든 작품은 삐뚤

빼뚤하게 못이 박혀 있고, 매끄럽지 못한 절단면을 가지고 있다. 다시 만드는 게 나을 만큼 엉망인 결과물도 여럿이다. 그럼에도 나서서 아이들을 도와주는 교사는 없다. 앞서 언급한 영국의 놀이활동가와 마찬가지로 이곳 교사들 역시 옆에서 아이들을 지켜보는 게 전부다.

그러나 아이들은 선생님이 도와주지 않는다고 원망하거나, 자신이 만든 구조물이 실패했다고 좌절하지 않는다. 그저 자신이 만든 결과물을 쓱 보고 나서 다시 다부지게 망치를 움켜쥘 뿐이다.

바깥놀이 전용 놀이터 한편에 마련된 모래밭에서도 비슷한 모습을 볼 수 있다. 자신이 열심히 만든 모래 터널이 무너지는 모습을 보고도 짜증을 내거나 실망하는 아이는 없다. 터널을 잘 만들었다고 누가 상을 주는 것도 아니고, 선생님이나 부모가 시켜서 만든 것도 아니기 때문이다. 아이들은 그저 순간순간을 즐길 뿐이다. 그래서 이곳의 아이들은 터널이 무너져도 웃는다. 놀이의 중요한 특성 중 하나인 '무목적성'을 제대로 보여주는 모양새다.

■■■ 실패를 두려워하지 않는 '도전정신'과 '문제해결력'

목적에는 반드시 성공과 실패가 뒤따르기 마련이다. 과정이 아무리 훌륭해도 결과가 좋지 않으면 그 과정까지 폄하되는 게 목적이 가진 아이러니다. 그러므로 아이들의 놀이에는 그 어떤 목적도 없어야 한다.

모래를 이용해 '물이 여행할 수 있는 길을 만들겠다'는 돌레브유치원 아이들의 발상은 이루기 어려운 목표다. 여러 아이들이 돌아가며 열심히 물을 붓지만, 야속한 물은 계속 땅속으로 스며들 뿐 모랫길을 따라 흘러가지 않는다. 이쯤이면 아이들이 짜증을 낼 법도 한데 신기하게 화를 내거나 떼를 쓰는 아이가 없다. 아이들은 오늘 실패했어도 내일 다른 방법으로 물이 여행할 수 있는 길을 만들면 된다는 것을 알고 있다.

돌레브유치원의 교사들은 일련의 과정 자체가 큰 배움이라고 말한다. 실패를 두려워하지 않고 다시 힘차게 도전할 수 있는 의지와 열정을 갖춘 인재로 성장하도록 도와주는 것이야말로 이스라엘 교육의 핵심이라는 이야기다. 어찌 보면 이곳의 모래는 단순한 돌 부스러기가 아니다. 아이들에게 창의력과 도전정신을 가르쳐주는 훌륭한 교사인 것이다.

우리는 돌레브유치원을 뒤로 하고 이스라엘에 있는 또 다른 유치원을 찾았다. 이 유치원에서 단연 눈에 띄는 것은 교실 한가운데 놓여 있는 '화해의 의자'다. 하나의 의자에는 사람의 '입' 모양이 그려져 있고, 또 다른 의자에는 사람의 '귀' 모양이 그려져 있는데 이곳 아이들은 친구과 다투면 반드시 이 의자에 앉아 대화를 나눠야 한다.

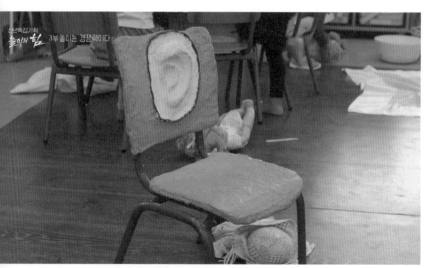

| '귀' 모양이 그려져 있는 화해의 의자